Die

Landgüterordnung für Schlesien

vom 24. April 1884

erläutert an Beispielen.

Ein praktisches Handbuch

von

Dr. jur. Wittig,
Amtsrichter.

Berlin 1894.
J. J. Heines Verlag.

Inhaltsverzeichniß.

Anhang.

Vorwort.

Neuerdings ist in den gesetzgebenden Versammlungen und in der Presse wiederholt davon die Rede gewesen, daß durch erbrechtliche Satzungen dahin gewirkt werden müsse, daß der Grundbesitz nicht weiter wie eine Waare gehandelt sondern als eine Art Familieneigenthum betrachtet und mittels eines vom gemeinen Recht abweichenden Erbrechts in der Familie erhalten werde. Ein auf die Conservirung eines unabhängigen Grundbesitzerstandes gerichteter Erbtheilungsmodus besteht aber schon in mehreren Provinzen der Monarchie zu Recht, indem die Grundbesitzer durch Eintragung ihrer Besitzungen in die Höfe= beziehungsweise Landgüter=Rollen für dieselben ein Anerbenrecht begründen und dadurch Fürsorge treffen können, daß der Besitz in der Familie bleibt. In der Provinz Schlesien ist dies seit dem 1. Juli 1884, dem Inkrafttreten der Landgüterordnung für Schlesien vom 24. April 1884, der Fall. Bedauerlicher Weise hat die ländliche Bevölkerung von der Wohlthat des durch dieses Gesetz eingeführten facultativen Anerbenrechts bisher nicht denjenigen Gebrauch gemacht, welcher erwartet werden konnte; gleichwohl thut dieselbe, wie der practische Jurist fast täglich beobachten kann, fortgesetzt dasjenige, was das Anerbenrecht will und was durch die Eintragung der Besitzungen in die Landgüterrolle auf die einfachste, sicherste und billigste Art erreicht wird. Der Grund für die Erscheinung, daß die Landgüterrollen bis jetzt so wenig benutzt worden sind, wird daher nicht sowohl in der Abneigung gegen diese und das durch sie eingeführte Institut des Anerbenrechts als vielmehr in der Unbekanntschaft der betheiligten Kreise mit den Bestimmungen der Landgüterordnung und ihren Vorzügen zu suchen sein. Die Schlesische Landgüterordnung ist auch obwohl nur aus zwanzig Paragraphen bestehend schwer verständlich und kann sich deshalb nicht leicht Eingang verschaffen. Ueber dieselbe ist nur ein gedruckter Vortrag von Lösch erschienen. Die mit der Schlesischen Landgüterordnung am meisten übereinstimmenden Landgüterordnungen für Westfalen und Brandenburg haben je zwei Bearbeitungen gefunden und zwar von Hartmann und von Hermann Meyer beziehungsweise von Hartmann und von Schultzenstein. Alle diese Bearbeitungen haben die Form von Commentaren. Schultzenstein, dessen Werk bei Weitem das ausführlichste ist, schickt dem mit Anmerkungen versehenen Brandenburgischen Gesetz eine längere zusammenhängende Angabe des Inhaltes desselben voraus.

Unter diesen Umständen dürfte der Versuch eine gemeinverständliche aber thunlichst erschöpfende vom Zwange der Gesetzesparagraphen sich loslösende systematische Darstellung des Rechts der Schlesischen Landgüterordnung zu geben, nicht unangebracht sein. Die vorliegende Schrift wendet sich sowohl an die ländlichen Grundbesitzer als die am meisten dabei In=

teressirten als auch an die zur Handhabung des Gesetzes berufenen practischen Juristen, welch letztere sie schnell und eingehend über die in Betracht kommenden Bestimmungen und Fragen orientiren will.

Benutzt worden sind außer den erwähnten Schriften hauptsächlich die Materialien zur Landgüterordnung für die Provinz Schlesien, wie sie sich bei und in den Verhandlungen des Herrenhauses Session 1883/84 und des Hauses der Abgeordneten 15. Legislaturperiode II. Session 1883/84 sowie in den Verhandlungen beider Häuser in der Session 1890/91 zu dem Gesetz betreffend Eintragungen in die Höfe- und Landgüterrolle auf Ersuchen der Generalcommission vom 11. Juli 1892 finden. Die übrigen benutzten Hilfsmittel sind gelegentlich citirt.

Naumburg a. Q., Mai 1894.

Der Verfasser.

Einleitung.

Die Provinz Schlesien war ursprünglich von Slaven und Wenden bewohnt. Die allmählich dahin gelangenden Ansiedler stammten aus allen deutschen Gauen und brachten bei der Vielgestaltigkeit der Rechtsordnungen mannigfache Rechte mit, welche sie auf die neuen Heimstätten verpflanzten. Daher kommt es, daß sich in Schlesien ein die ganze Provinz umfassendes Provinzialrecht nicht gebildet hat und daß häufig in Nachbarortschaften verschiedene Rechte galten. Die Bischöfe Wenzeslaus (1466) und Caspari (1508) haben versucht, das Erbrecht und die Erbfolge für ihre Bisthümer zu regeln. Ihre Rechtsnormen wurden vielfach auch außerhalb derselben recipirt. Neben diesen beiden Rechten galt in Schlesien zumeist das Magdeburgische Recht und das Sachsenrecht. Alle diese Rechte nahmen auf die Erhaltung des Grundbesitzes in der Familie nicht Bedacht und waren der Güterzertheilung eher günstig, als daß sie dieselbe zu verhindern trachteten. Die Fürsorge um den Familienbesitz war deshalb den Grundbesitzern selbst überlassen. Diese waren in der That vielfach auf dessen Erhaltung bedacht. Es geschah dies entweder dadurch, daß der Besitzer das Gut einem seiner Söhne, gewöhnlich dem jüngsten, unter Festsetzung der Erbtheile der übrigen Kinder für einen mäßigen Preis und unter günstigen Zahlungsbedingungen überließ, oder daß er in diesem Sinne letztwillig verfügte. So geschah es bei dem kleinen wie bei dem großen Grundbesitz. Zwischen diesen beiden Formen des Grundbesitzes trat ein unterscheidendes rechtliches Moment hauptsächlich insofern in die Erscheinung, als das Standesrecht der Eigenthümer auch auf die Verhältnisse des Grundbesitzes einwirkte und daher die Güter der Geistlichkeit, Ritterschaft und Stadtgemeinde zu großen Vorrechten gelangten, während die übrige ländliche Bevölkerung in ihrem Besitzrecht vielfach beschränkt war. Insbesondere pflegte das Rittergut das größere und bevorrechtete, das Bauergut das kleinere und belastete zu sein. In diesen Verhältnissen ist durch die mit dem Jahre 1807 begonnene Agrargesetzgebung Wandel geschehen, indem der bäuerliche Besitz von den auf ihm ruhenden sogenannten Feudallasten so gut wie ganz befreit wurde und die denselben drückenden Beschränkungen, soweit sie nicht aufgehoben worden sind, für ablösbar erklärt wurden. Die Hauptergebnisse dieser Stein-Hardenberg'schen Gesetzgebung sind die Aufhebung der Gutsunterthänigkeit, die Einführung des durch Standesunterschiede nicht mehr beeinträchtigten Güterverkehrs und der Parzellirungsfreiheit. Dem der ländlichen Bevölkerung Schlesiens innewohnenden Familiensinne ist es zumeist zu danken, daß die bis dahin bestandene Gebundenheit der Güter in Folge dessen nicht alsbald einen Rückschlag in entgegengesetzter Richtung zeitigte und daß die neugeschaffene schrankenlose Dismembrationsfreiheit nicht binnen Kurzem zur Zersplitterung und Zerschlagung des gesammten Grundbesitzes führte. Allein gleichwohl ist im Laufe der Zeit eine bedeutende Anzahl von größerem Grundbesitz in Folge Zertheilung verloren gegangen und die spannfähigen Höfe haben sich in nicht unbeträchtlichem Maße vermindert.

I. Geschichte und Entstehung der Landgüterordnung.

Erste Versuche zur Verhinderung übermäßiger Grundstückszertheilung.

Die Königliche Staatsregierung hat in Erwägung, daß ein künftiger fester Grundbesitzerstand die beste und sicherste Stütze für Staat, Kommune und Familie ist und daß dessen Erhaltung daher von der größten Wichtigkeit ist, schon früh ihr Augenmerk darauf gerichtet, daß die Grundstückstheilung keine übermäßige werde. Man sah insbesondere in dem landrechtlichen Intestaterbrecht mit seiner Gleichtheilung, sowie in dem Umstande, daß nach dem Landrecht sonst vernünftige Testamente wegen Pflichttheilsverletzung angefochten werden können und Vereinbarungen unter den Miterben durch die Pflicht der Vormünder im Interesse ihrer Mündel zu wirken erschwert werden, eine Gefahr für die Erhaltung eines leistungsfähigen Besitzes. Schon im Jahre 1828 ging die Regierung den Landtag der Provinz Schlesien um ein Gutachten darüber an, ob ein Bedürfniß zur Schaffung eines der weiteren Zerstückelung der Grundstücke vorbeugenden Gesetzes vorliege. Das Gutachten fiel in verneinendem Sinne aus. Auf im Jahre 1841 erneute Anregung wurde von derselben Körperschaft die Einführung besonderer Bestimmungen zur Erhaltung des Grundbesitzes für angezeigt erachtet, auch ein darauf hinzielender Gesetzentwurf berathen und angenommen. Derselbe ist aber aus dem Stadium des Entwurfes nicht herausgekommen.

v. Schorlemer'scher Antrag.

Eine der Zertheilung des Grundbesitzes entgegenwirkende Gesetzgebung kam erst auf Grund der durch den Abgeordneten Freiherrn v. Schorlemer-Alst in der Sitzungsperiode 1879/80 des Hauses der Abgeordneten geschehenen Anregung in Fluß. Derselbe führte aus, daß der mittlere Grundbesitz Gefahr laufe, auf die Dauer durch Zerstückelung und Zuschlagung zu größeren Gütern zu Grunde zu gehen, da sich die Fälle, wo in Folge Erbtheilung zum Verkaufe des Gutes geschritten werden müsse, unter Einwirkung der Zeitverhältnisse von Jahr zu Jahr in besorgnißerregender Weise mehrten und noch viel häufiger der Fall eintrete, daß durch die Erbtheilung die Güter so sehr mit Schulden belastet würden, daß entweder der Uebernehmer nach Verlauf einiger Jahre zum Verkauf schreiten müsse oder doch bei der nächstfolgenden Erbtheilung das Gut wegen der steigenden zu hohen Verschuldung vor dem Verkauf nicht mehr zu retten sei. — Freiherr v. Schorlemer wollte daher gegen die Zerstückelung des ländlichen Besitzes, speziell in Westfalen, durch Einführung einer besonderen Successionsordnung Abhilfe schaffen. In Folge der darauf von dem Hause der Abgeordneten gefaßten Beschlüsse wurde, wie die Landtage der anderen Provinzen, auch der Provinziallandtag für Schlesien aufgefordert, sich zu äußern, ob und in welcher Weise in dieser Provinz ein Bedürfniß nach anderweiter Regelung der Erbfolge in Bauerhöfe hervorgetreten sei und in welcher Art diesem Bedürfniß Rechnung getragen werden könne. Der Provinziallandtag für Schlesien beauftragte im Jahre 1881 den Provinzialausschuß, das erforderliche Material zu sammeln und eventuell dem nächsten Provinziallandtage bestimmte Vorschläge zu machen. Demzufolge brachte der Landeshauptmann bei dem Provinziallandtage am 4. März 1881 eine Vorlage, betreffend eine anderweite gesetzliche Regelung der Erbfolge in den Bauernhöfen ein. Der Landeshauptmann wies darin auf die nachtheiligen Folgen, welche die nach dem landrechtlichen Intestaterbrecht erfolgende gleichmäßige Vertheilung der Erbschaft mit Rücksicht auf die Erhaltung eines kräftigen Bauernstandes ausübe, hin und führte aus, daß, wenn dieselben auch vielfach durch die Ueberlassung des Gutes bei Lebzeiten an ein Kind abgewendet würden, doch noch eine ganze Zahl von Fällen übrig bleibe, in denen sich das landrechtliche Intestaterbrecht schädlich geltend mache. Gerade das häufige Vorkommen von Ueberlassungsverträgen ist dem Landeshauptmann ein deutliches Zeichen dafür, daß das letztere für die Vererbung des ländlichen Besitzes nicht passe. Darum glaubte derselbe eine Abänderung der bestehenden Rechtssätze, welche diesen thatsächlichen Verhältnissen Rechnung tragen wolle, nicht zurückweisen zu sollen. Er führte die Abnahme der lebensfähigen kleineren Güter auf die Dismembration und die übermäßige Verschuldung zurück und meinte, daß dieser wie jener durch eine ungetheilte Vererbung der ländlichen Besitzungen auf einen Anerben gegen eine ermäßigte Taxe übrigens unter Aufrechthaltung der Dispositionsfreiheit des Eigenthümers entgegengewirkt werden könne. Der Umstand, daß mit Rücksicht auf die letztere der Zweck der Neuordnung leicht vereitelt werden könne, dürfe kein Grund sein, um gegenüber den nicht zu leugnenden Mißständen von jeder Hilfe abzusehen. Auch lasse sich ein Correctiv gegen die etwaige Neigung des Anerben, das ererbte Gut so bald und so theuer als möglich zum Nachtheil der Familie an einen Fremden loszuschlagen, durch die Bestimmung festsetzen, daß bei dem innerhalb einer bestimmten Zeit, etwa 10 Jahren, erfolgenden Weiterverkauf der über den Uebernahmepreis erzielte Erlös unter die Miterben gleich zu theilen sei. Der Landeshauptmann schlug schließlich vor, ihn mit der Ansammlung des für die Entscheidung der Frage nothwendigen statistischen Materials und der demnächstigen Einreichung einer diesbezüglichen Vorlage zu betrauen. Das Streben des Landeshauptmanns war damals ersichtlich auf eine Aenderung des Intestaterbrechts schlechthin gerichtet.

Vorlage des Landeshauptmanns von Schlesien.

Es wurde dem Antrage des Landeshauptmannes statgegeben, worauf dieser und der Provinzialausschuß sich weiter mit der Angelegenheit befaßten. Der von dem letzteren bestellte Referent gab sein motivirtes schriftliches Gutachten dahin ab, daß vom Standpunkt der Fortentwickelung eines historischen bäuerlichen Rechts, wie dies in Westfalen bestehe, ein Bedürfniß zur Regulirung der Erbfolge in Bauergüter als nicht vorliegend zu erachten sei. Auf Grund umfänglichen statistischen Materials gelangte er zu der Feststellung, daß seit dem Jahre 1807 eine sehr bedeutende Menge des größeren Grundbesitzes verschwunden ist und daß die Ursache der unheilvollen Gutszerstückelungen mit in der Dismembration in Folge Erbtheilung zu suchen ist. Wolle man hier gesetzgeberisch eingreifen, so seien

Gutachten des Provinzial-Landtags-Referenten.

— meint der Referent — folgende beiden Punkte als die leitenden festzuhalten: 1. dem Eigenthümer bleibt die freie Verfügung über sein Gut unter Lebenden und von Todeswegen; 2. hat er nicht darüber verfügt, so beruft das Gesetz für ihn aus seiner Descendenz einen Anerben, welcher das Gut für einen nach mäßigen Grundsätzen zu ermittelnden Taxpreis übernimmt. Es werde dadurch nur Sorge für den Fall getroffen, daß der Eigenthümer, von dem Tode überrascht, über das Gut nicht letztwillig verfügen könne. Da aber die Erhaltung des Besitzes durch letztwillige Dispositionen in Schlesien die Regel bilde, so glaubt der Referent von der Emanation eines solchen Gesetzes für den beabsichtigten Zweck keine großen Erwartungen hegen zu sollen. Gleichwohl erklärt er demselben seine Zustimmung nicht versagen zu wollen, wenn es nicht blos für den Bauernstand, sondern im allgemeinen für den gesammten großen und größeren prästationsfähigen Grundbesitz gegeben werde, weil damit nichts weiter geschehen würde, als daß das durch das Landrecht insbesondere dessen pflichttheilsrechtlichen Bestimmungen gefährdete Gewohnheitsrecht, welches dahin geht, daß von mehreren Kindern eines Gutsbesitzers einem das Gut für einen mäßigen Preis unter darnach bemessener Abfindung der Miterben zugewendet wird, jus scriptum würde. Es müsse bei der Einführung des Anerbenrechts aber darauf gesehen werden, daß es dem muthmaßlichen Willen des Erblassers entspreche und daß eine unbillige Beeinträchtigung der Pflichttheilserben vermieden werde. Um dabei auch nicht den Schein einer Freiheitsbeschränkung zu erwecken, empfiehlt er nach Analogie der in Lauenburg und Hannover geltenden Gesetze eine Höferolle mit der Maßgabe zu schaffen, daß das Gesetz nur auf diejenige Liegenschaft Anwendung findet, welche in jener eingetragen steht, und nur so lange, als sie in derselben eingetragen bleibt, daß aber der Besitzer jeder Zeit berechtigt sein soll, die Löschung in der Rolle zu veranlassen. Der Berichterstatter geht also nicht so weit wie der Landeshauptmann; er ist mit einer Abänderung des Vererbungsmodus in ländliche Besitzungen zwar einverstanden, verlangt diese dann aber für den gesammten größeren ländlichen Grundbesitz und wünscht die gleichzeitige Einführung einer Höferolle, von deren Inanspruchnahme die Wirksamkeit des Gesetzes im einzelnen Falle abhängig sein soll. Derselbe legte dem Provinzialausschuß zugleich mit seinem Gutachten einen seinen Ausführungen entsprechenden Gesetzentwurf vor.

Beschlüsse der Provinzialkörperschaften.

Der Provinzialausschuß erklärte in seinem Beschlusse vom 11. Juli 1881 die Regelung der Erbfolge für den gesammten Grundbesitz in Schlesien im Wege der Gesetzgebung für zweckmäßig und, insoweit es sich um eine fakultative Beseitigung der landrechtlichen Pflichttheilsgesetzgebung bezüglich der Vererbung von Landgütern handelte, sogar für ein Bedürfniß, während er eine zwingende Veranlassung der gesetzlichen Einführung des Anerbenrechts lediglich für Bauergüter in Abrede stellte. In Uebereinstimmung mit diesem Beschluß nahm im Jahre 1882 der Provinziallandtag mit großer Majorität gegen die Stimmen von nur einem ländlichen und von elf städtischen Abgeordneten einen Gesetzentwurf an, welcher für den ländlichen Besitz der Provinz Schlesien zwar kein besonderes Intestaterbrecht, aber ein Anerbenrecht, ähnlich wie in den Provinzen Hannover, Westfalen und Brandenburg, auf Grund dessen eine Liegenschaft im Falle des Todes ihres Besitzers auf einen der mehreren Miterben gegen Abfindung der übrigen übergehen soll, einführen wollte. Dieses Anerbenrecht sollte von der Eintragung der Liegenschaft in eine Gutsmatrikel abhängig sein, die Eintragung sowie die Löschung in der Matrikel aber der freien Entscheidung des Eigenthümers überlassen bleiben.

Gutachten des Königlichen Oberlandesgerichts zu Breslau.

Der nach den Beschlüssen des Provinziallandtages gestaltete und als Entwurf eines Gesetzes über das Höferecht in der Provinz Schlesien bezeichnete Gesetzentwurf wurde Seitens der Staatsregierung dem Königlichen Oberlandesgericht zu Breslau, als dem höchsten Gericht der Provinz, zur Begutachtung vorgelegt. Dasselbe veranlaßte die Landgerichte und sechs ältere, besonders erfahrene Richter der Amtsgerichte zu gutachtlichen Aeußerungen. Von den vierzehn Landgerichten sprachen sich elf gegen, drei (Liegnitz, Ratibor, Beuthen) für, von den sechs Amtsrichtern fünf gegen, einer für den Gesetzentwurf aus. Das Oberlandesgericht legte das erhaltene Material in einem unterm 23. Juni 1883 an den Justizminister gerichteten Bericht nieder. Es stimmte mit den bis dahin mit der Sache befaßt gewesenen Instanzen darin überein, daß die Erhaltung eines prästationsfähigen mittleren Grundbesitzerstandes im Interesse des Staates liege und daß die Zersplitterung und Verschuldung des ländlichen Besitzes möglichst verhütet werden müsse; allein es gelangte auf Grund der von dem Jahre 1807 beginnenden und bis auf die neueste Zeit sich erstreckenden Berichte der Gerichte nicht zu der Feststellung, daß eine übermäßige Zersplitterung und Verschuldung des ländlichen Grundbesitzes bestand und daß das geltende Erb- und Pflichttheilsrecht dabei einen nachtheiligen Einfluß ausgeübt hat oder auszuüben geeignet ist. Dem den Verwaltungskörperschaften unterbreiteten statistischen Material, zumal dasselbe sich seiner Kontrolle entzieht, maß das Oberlandesgericht kein großes Gewicht bei. Gegenüber der darin versuchten Zurückführung einer beträchtlichen Anzahl von Dismembrationen auf Erbtheilung wies das Obergericht darauf hin, daß die Vererbung von Grundbesitz im Intestaterbgange überhaupt nicht zu einer Naturaltheilung führe, wenn nicht Verschuldung, Spekulation oder sonstige Verhältnisse mitwirkten. Das landrechtliche Pflichttheilsrecht beschränke den Vater in den Anordnungen für die Erhaltung des Besitzes durchaus nicht über die Maßen; der gesetzliche Pflichttheil der Descendenten sei ein so mäßiger, daß seine Innehaltung eine angemessene Regulirung des Uebernahmepreises nicht hindere. Die schlesische Sitte der Ueberlassungsverträge sei nicht aus dem Bewußtsein hervorgegangen, daß die Bevorzugung eines Kindes vor dem andern der Gerechtigkeit entspreche und daß eine Bevorzugung gar dem ältesten Sohne von Rechtswegen gebühre. Das Volksbewußtsein in Schlesien fuße vielmehr auf der Gleichberechtigung der Kinder, ein Anerbenrecht sei demselben gänzlich fremd. Wenn man bei Einführung eines solchen auch von jedem Zwange absehen, jedem Eigenthümer des Gutes das freie Löschungsrecht und die Befugniß, durch eine formell erleichterte letztwillige Verfügung den Anerben und den Uebernahmepreis zu bestimmen, gewähren wolle, so blieben doch noch genug Bedenken bestehen: Es sei einfacher und leichter, auf Grund des freien Verfügungsrechts zu einer Zeit, wo sich die Sachlage schon übersehen lasse, die Erbverhältnisse in angemessener Weise zu ordnen, als dem Anerben eines in die Höferolle eingetragenen Gutes auf Grund veränderter Verhältnisse das bis dahin bestandene und mit ihm aufgewachsene Recht zu entziehen. Durch das Nebeneinanderbestehen eingetragener und nichteingetragener Besitzungen könne leicht der Familienfrieden gestört werden, da in Schlesien in Folge der Neuheit des Instituts von einer Gewöhnung der ausgeschlossenen Familienglieder an den Vorzug des Anerben in Bälde keine Rede sein könne. Nicht der Tauglichste, sondern der durch Geburt Bestimmte gelange beim Anerbenrecht in den Besitz des Gutes. Das Anerbenrecht beruhe auf einer Bevorzugung des Anerben zum offenbaren Nachtheil der übrigen Familienmitglieder. Des Weiteren führte das Oberlandesgericht aus, daß der Gesetzentwurf nicht den Verhältnissen Rechnung zu tragen vermöge, in welchem das auf den Anerben übergehende Nachlaßgrundstück zu dem sonstigen Nachlaß und der Werth des ersteren zu den Schulden stehe. Schließlich gedachte es der Verwickelungen, welche durch Einführung einer Bestimmung, daß bei einem innerhalb einer bestimmten Zeit erfolgenden Weiterverkauf zu einem höheren als dem Uebernahmepreise das Mehr den Miterben zufließen solle, sich ergeben müßten. Seine Ausführungen liefen darauf hinaus, daß der vorgeschlagene Gesetzentwurf einem Bedürfniß und den Verhältnissen in Schlesien nicht entspreche und daß ein Nutzen für die ländlichen Grundbesitzer von seiner Einführung als Gesetz nicht zu erwarten sei. Das Oberlandesgericht hat, obwohl es prinzipaliter für die Ablehnung der Vorlage eintrat, dieselbe auch in den Einzelheiten geprüft. Seine Bemerkungen und Ausführungen fanden bei den Einzelbestimmungen der gegen sein Votum Gesetz gewordenen Vorlage vielfach Berücksichtigung.

Der Justizminister trug der ablehnenden Haltung der Gerichte bei der Berathung des Gesetzentwurfs im Herrenhause insofern Rechnung, als er an seine bei Berathung der Brandenburgischen Höferolle gethane Aeußerung, daß es ihm nicht leicht würde, sich für einen Gesetzentwurf auszusprechen, von dem er wisse, daß die Meinung der Juristen dagegen ginge, erinnerte und erklärte, daß er trotzdem für denselben eintrete, weil er das Ziel, welches derselbe sich gestellt, für ein richtiges halte und der Ansicht sei, daß die juristische Auffassung sich einem an sich berechtigten Ziele accommodiren, ja ihm unterordnen müsse.

Berathung im Herrenhause.

Der Gesetzentwurf wurde, nachdem er regierungsseitig einigen Abänderungen, welche hauptsächlich die Herbeiführung thunlichster Uebereinstimmung mit den in den Provinzen Westfalen und Brandenburg geltenden Landgüterordnungen bezweckten und sich fast nur auf die Anordnung des Stoffs und Ausdrucksweise erstreckten, unterzogen worden war, am 20. November 1883 dem Herrenhause vorgelegt. Dieses weit entfernt die Vorlage zu bekämpfen, zeigte vielmehr die Neigung über den Rahmen derselben hinaus zu gehen und eine Aenderung des Intestaterbrechts im Allgemeinen anzubahnen. Allein die Regierung erklärte, daß ein Bedürfniß das geltende Erbrecht in so radicaler Weise umzugestalten, nicht vorliege. Eine von dem Freiherrn v. Durant eingebrachte Resolution, an die Einführung einer anderen Intestaterbfolge heranzutreten, wenn sich das Gesetz während eines Zeitraums von drei Jahren nicht bewährt haben sollte, wurde von dem Hause abgelehnt und die Regierungsvorlage schließlich ohne erhebliche Veränderungen mit großer Majorität angenommen. Die Verhandlungen des Herrenhauses zeichneten sich durch eine gewisse Wärme aus, mit welcher für die Erhaltung und den Schutz des Grundbesitzes, „dieser festesten und sichersten Stütze des Staatswesens und speziell des monarchischen Princips“ eingetreten wurde. Man hob auch die ethische Seite der Sache hervor, in welcher Beziehung der Freiherr v. Durant bemerkte: „der Grundbesitz hat für den Staat nicht allein seine materielle, er hat auch seine moralische Bedeutung . . . Meiner Auffassung nach ist es Aufgabe der Gesetzgebung, den ethischen Gedanken da, wo er verloren gegangen ist, wieder zu wecken: daß der Grundbesitz keine Waare ist, die wie jede andere Waare behandelt werden soll, daß es ein Gut ist, das der jedesmalige Eigenthümer von Gottes Gnaden besitzt, mit dem er nur in eingeschränktem Maße frei walten darf und in dessen Besitz er sich gewissermaßen als Sachwalter für seine ganze Familie, für seinem Stamm, als deren Oberhaupt er anzusehen ist, zu betrachten hat.“

Berathung im Hause der Abgeordneten.

Auch in dem anderen Hause, in welches die Vorlage sodann gelangte, zeigte man sich allgemein von dem Wunsche beseelt, daß der Grundbesitz soviel als möglich der Familie erhalten werden möge, allein der Gesetzentwurf wurde hier doch auch heftig bekämpft.

Seine Gegner wollten das seitens des Landeshauptmanns von Schlesien vorgelegte statistische Material nicht als richtig gelten lassen; sie meinten: hier und da seien allerdings beklagenswerthe Parcellirungen vorgekommen, aber sie ständen vereinzelt da; bei ihnen könne das Intestaterbrecht nur als secundäre Ursache in Betracht kommen, während Speculationswuth und Verschuldung die hauptsächlichsten Gründe darstellten. Die Vorlage laufe auf eine Bevorzugung des ältesten Sohnes im Erbgange hinaus, eine Vererbungsart, welche dem schlesischen Volksbewußtsein, wonach das Gut vielmehr dem jüngsten überlassen zu werden pflege, völlig fremd sei. Der schlesische Landmann, dem eine große Abneigung gegen alles Neue, zumal wenn damit eine Unterschrift verbunden sei und er selbst die Initiative ergreifen müsse, eigenthümlich sei, werde von dem Gesetz keinen oder nur selten Gebrauch machen. Wo es aber geschehe, werde in Folge des Nebeneinanderbestehens von Gütern mit und ohne Anerbenrecht der Gesetzentwurf eine Quelle von Familien-Zerwürfnissen werden. Zu Unrecht bezeichne man denselben lediglich als eine Umwandlung der gewohnheitsrechtlichen Ueberlassungsverträge in jus scriptum; zwischen dem Anerbenrecht und dem Ueberlassungsvertrage sei ein großer Unterschied. Handele es sich aber wirklich nur um eine solche Umwandlung, so frage man vergeblich, welche Gründe vorgetragen, welche Ereignisse geschehen seien, um es nicht bei dem bisherigen Gewohnheitsrechte zu belassen; wenn das Gewohnheitsrecht ein gutes sei, warum ihm eine künstliche Stütze geben?

Die Freunde der Vorlage meinten: Wenn es allgemein in Schlesien Gewohnheitsrecht wäre, daß der ländliche Grundbesitzer Haus und Hof einem seiner Kinder zu überlassen pflege, so müßte es mit dem Rustikalbesitz in Schlesien wunderschön bestellt sein. Wie aber sehe es in Wirklichkeit aus? Der Grundbesitz sei in manchen Gegenden Oberschlesiens völlig zerschlagen und in Atome zersplittert, sodaß dort fast nirgends mehr ein spannfähiger und leistungsfähiger Bauernstand vorhanden sei. In andern Gegenden sei es zwar noch nicht so schlimm, aber überall lasse sich konstatiren, daß das Tempo, in welchem ein kräftiger Besitzerstand sich vermindere, in der Zeit von 1850 bis 1880 gegenüber der früheren Zeitperiode ein bedeutend beschleunigteres geworden sei; überall zeige sich wenigstens der Keim einer nicht erwünschten Entwickelung der ländlichen Besitzverhältnisse. Dies ergebe das statistische Material, welches auf den Berichten der untersten Verwaltungsorgane in den Gemeinden beruhe und darum Anspruch auf Zuverlässigkeit machen könne; die Gefahr werde unterschätzt, daß aus einem seßhaften, stabilen, unabhängigen und prästationsfähigen Grundbesitzerstande nach und nach sich ein veränderlicher, abhängiger, nicht mehr lebensfähiger und dem Proletariat sich nähernder entwickelt. Der Gesetzgeber könne nicht warten, bis der Schaden wirklich eingetreten sei; die Wirksamkeit der beabsichtigten gesetzlichen Maßnahmen hänge gerade davon ab, daß es noch viele tüchtige Bauern gebe; man müsse Präventivmaßregeln ergreifen und dürfe nicht warten, bis die Sitte der Gutsüberlassungsverträge gänzlich verschwunden und die Vererbung nach Intestaterbrecht zur Regel geworden sei. Die Gleichstellung der Kinder sei die Enterbung der Enkel; es liege in der Natur der Sache, daß bei mehreren Kindern und völliger Gleichtheilung es dem Hofannehmer nur unter besonders günstigen Verhältnissen möglich sein werde, sich auf dem Hofe zu behaupten und ihn mit Schulden nicht überlastet in gutem Zustand an einen seiner Söhne zu vererben; der Hofbesitzer müsse schon ein erhebliches sonstiges Vermögen besitzen oder darauf rechnen können, eine reiche Frau zu heirathen, wenn er seinen Geschwistern den gleichen Werth an Geld solle zuwenden können, wie er in natura erhalten. Das Intestaterbrecht sei darum in der That häufig die directe oder indirecte Ursache der Dismenbration und übermäßigen Verschuldung. Der Hebel müsse darum bei dem Erbrecht eingesetzt werden. Indessen handele es sich nicht um eine Aenderung des Intestaterbrechtes, sondern um Einführung des in anderen Provinzen, besonders Hannover, bewährt gefundenen Instituts der Höferollen, deren Benutzung einem jeden Grundbesitzer freistehen solle. Niemand solle gezwungen werden, das Gesetz auf sich und seine Nachkommen Anwendung finden zu lassen und jeder Besitzer eines rolleneintragenden Gutes solle von den Folgen der Eintragung und den Fesseln des Gesetzes jeder Zeit sich wieder freimachen können. Die Verhältnisse in Schlesien lägen so, daß nach der Meinung des Provinziallandtages ein Eingreifen der Gesetzgebung wünschenswerth, ja erforderlich sei. Die Ansicht dieser Körperschaft sei besonders beachtenswerth, da in derselben diejenigen säßen, welche gerade vorzugsweise mit den hier einschlagenden Verhältnissen in täglicher Verbindung und denselben nahe stünden und daher aus eigener Erfahrung am besten beurtheilen könnten, wie es sich gerade mit diesen Dingen verhalte. Nachdem ähnliche Wünsche der Landtage anderer Provinzen Beachtung gefunden, habe man keine Veranlassung, sich den Wünschen des Schlesischen Provinziallandtages gegenüber ablehnend zu verhalten. Wie das Breslauer Oberlandesgericht, so habe sich bei Schaffung eines ähnlichen Gesetzes das Oberlandesgericht in Hamm gegen das Gesetz ausgesprochen; trotzdem sei man dort auf dem beschrittenen Wege weitergegangen, was zur Schaffung der in der Praxis bewährt gefundenen Landgüterordnung für Westfalen geführt habe. Man müsse auch den in Schlesien hervorgetretenen Tendenzen auf Conservirung des ländlichen Besitzes entgegenkommen, wenn auch die Gerichte das Bedürfniß der gesetzlichen Regelung der Materie nicht anerkennten. Ein Abgeordneter (Windhorst) erklärte für das Gesetz stimmen zu wollen, und wenn damit auch nur fünf Bauernhöfe in Schlesien gerettet werden könnten.

Das Haus der Abgeordneten verwies den Entwurf vor eine Commission von vierzehn Mitgliedern, welche denselben nach Vornahme einiger wichtiger, zumeist auf die Höhe und Ermittelung des Uebernahmepreises bezüglichen Abänderungen acceptirte. Das Haus berieth auf Grund des Ergebnisses der Commissionsverhandlungen am 11. März 1884 in zweiter Lesung und nahm am 14. März 1884 in definitiver Schlußsitzung den Entwurf nach den Beschlüssen der zweiten Lesung an. Am 27. desselben Monats ertheilte das Herrenhaus dem Gesetzentwurf in dem vom Hause der Abgeordneten beschlossenen Fassung die verfassungsmäßige Zustimmung. Derselbe ist als Gesetz unter dem Namen „Landgüterordnung für Schlesien" am 24. April 1884 (Gesetzsammlung S. 121) publicirt worden. Der Text des Gesetzes ist unten Seite 62 abgedruckt. **Weitere Entwickelung und Gesetzwerdung.**

Die Schlesische Landgüterordnung schließt sich eng an die Landgüterordnung für die Provinz Westfalen vom 30. April 1882 (G. S. S. 255) und für die Provinz Brandenburg vom 10. Juli 1883 (G. S. S. 111) an, mit welch' letzeren insbesondere sie in vielen Bestimmungen gleichlautet. Sie hat, wie auch im Herrenhause anerkannt wurde, insbesondere durch die Berathungen des Abgeordnetenhauses zweifelsohne Verbesserungen erfahren, durch welche die Seitens des Oberlandesgerichts zu Breslau gegen den ersten Entwurf erhobenen Bedenken in manchen Stücken gegenstandslos geworden sind. Bedauerlicherweise ist indessen den mannichfachen Zweifeln und Bedenken, welche bei dem Westfälischen und Brandenburgischen Gesetze hervorgetreten sind, bei der Schaffung der Landgüterordnung für Schlesien nicht durchweg Beachtung geschenkt worden, sodaß eine nicht unerhebliche Zahl von Unklarheiten übriggeblieben ist. Zu beklagen ist auch, daß das Gesetz obwohl es sich zunächst an den juristisch nicht gebildeten Landmann wendet, der Durchsichtigkeit entbehrt und trotz seiner Kürze nicht leicht verständlich ist.

Seine Gesetzeskraft begann mit dem 1. Juli 1884; es findet also auf solche Fälle Anwendung, in denen der Tod des Gutseigenthümers n a ch diesem Zeitpunkte eingetreten ist. Es ist ein Provinzialgesetz, für die Provinz Schlesien bestimmt, enthält somit particuläres Recht und kommt nur in Betracht in Bezug auf die in Schlesien belegenen Grundstücke. Darüber, ob der Erblasser auch seinen letzten Wohnsitz in der Provinz haben müsse, damit das durch das Gesetz für rolleneingetragene Besitzungen eingeführte Anerbenrecht eintritt, enthält jenes keine Bestimmung. Wenn man erwägt, daß die Landgüterordnung nicht das Interesse einer Person, sondern die Integrität des Landgutes an die Spitze stellt, so wird man mit Schultzenstein zur Verneinung der Frage gelangen können; der Gesetzgeber wollte, wie noch bei der Betrachtung der Einzelbestimmungen erhellen wird, die Stellung der Grundstücke unter die Landgüterordnung thunlichst begünstigen und man darf, da bezüglich des Erbganges in rolleneingetragene Grundstücke das Anerbenrecht ohne weiteres eintritt, annehmen, daß der Gesetzgeber es ausgesprochen haben würde, wenn er den letzten Wohnsitz in Schlesien zum weiteren Erforderniß des Eintretens des Anerbenrechts hätte machen wollen. Im Uebrigen ist eine ausdehnende Auslegung der Landgüterordnung bei ihrer Natur als Specialgesetz ausgeschlossen. Als solches enthält dieselbe Sonderrecht, und geht allen statutarischen und gesetzlichen Erbrechtsnormen vor, dieselben, soweit sie etwas damit nicht Vereinbares enthalten, derogirend und modificirend.

II. Inhalt des Gesetzes.

Der Hauptzweck des Gesetzes ist thunlichst viele Besitzungen, deren Eigenthümer bei eigener Thätigkeit und Rührigkeit ein gesichertes auskömmliches Dasein für sich und ihre Familie finden, zu erhalten; es gewährt aber denselben Schutz auch dem großen und größten Besitz und bis zu einer gewissen Grenze dem kleinen. Die Landgüterordnung trifft also Fürsorge für die Erhaltung eines kräftigen ländlichen Grundbesitzerstandes überhaupt; sie will dem Uebernehmer eines Gutes die Mittel gewähren, sich im Besitz desselben zu erhalten und in der Lage zu bleiben, das Erbe der Väter wiederum unverkürzt den Nachkommen zu hinterlassen. Diesen Zweck sucht sie durch eine ungleiche den Abnehmer des Gutes bevorzugende Vertheilung des Nachlasses zu erreichen. Nach der Landgüterordnung für Schlesien können der oder die Eigenthümer einer in dieser Provinz belegenen Besitzung, welche bestimmte Erfordernisse erfüllt, den an gewisse Formen gebundenen Antrag auf Eintragung derselben in eine von dem Amtsgericht geführte Rolle stellen. Durch den Antrag giebt der Eigenthümer seinen Willen dahin kund, daß unter seinen Erben die Erbtheilung so geschehen solle, wie das Gesetz bestimmt, falls es ihm nicht noch belieben sollte, etwas anderes zu verfügen. Die auf den Antrag folgende Rolleneintragung bewirkt also eine gewisse Vererbung des Gutes dergestalt, daß, wenn der Eigenthümer bei seinem Tode nicht anderweit über die Erbfolge in das Gut disponirt hat, was durch einen formell sehr einfachen, materiell in geringem Maße anfechtbaren, rücksichtlich des Kostenpunktes privilegirten Act geschehen kann, einer seiner Nachkommen bezw. Geschwister nach einer von dem Gesetz genau geordneten Reihe zur Erbfolge in das Gut berufen wird, wogegen der Gutsübernehmer seine Miterben nach Maßgabe der vom Erblasser getroffenen Festsetzung, Mangels eines solchen nach dem Gesetz, auf Antrag eines Interessenten aber nach dem ermittelten Gutswerth abzufinden hat. Die Rolleneintragung äußert diese Wirkung bei jeder durch Tod sich vollziehenden Besitzerledigung des Gutes. Die Eintragung wird durch Löschung in der Rolle mit aller und jeder Wirkung beseitigt. Die Löschung zu beantragen ist jeder über das Gut letztwillig zu verfügen berechtigter Eigenthümer jederzeit befugt. Jeder Eigenthümer des Gutes — derjenige sowohl, welcher die Eintragung veranlaßt hat als auch der nachfolgende Eigenthümer — behält das freie Verfügungsrecht über das Gut unter Lebenden und von Todeswegen. Das Gesetz ist ein facultatives, jeden Zwang ausschließendes, dessen Anwendbarkeit durch Löschung in der Rolle jeder Zeit beseitigt werden kann. „Es handelt sich also, wie ein Abgeordneter sagte, um nichts anderes, als um die Befugniß, für den großen und kleinen Grundbesitz in der allereinfachsten und der allerbilligsten Form ein Testament zu machen. Wenn der Landmann, wenn der Großgrundbesitzer es zweckmäßig findet, das, was hier im Gesetz geordnet ist, für seine Familie maßgebend zu machen, so geht er einfach auf das Amtsgericht, läßt sein Gut in die Rolle eintragen und sein Testament ist damit ohne Kosten gemacht. Hat sich vielleicht nach einiger Zeit der Stand seiner Familie geändert, wünscht er demgemäß nicht mehr oder hält er es nicht mehr für zweckmäßig, daß die Bestimmungen des Gesetzes auf ihn Anwendung finden, so kann er nach § 5 einfach hingehen und sein durch die Eintragung gemachtes Testament wieder löschen lassen. Das alles macht keine Kosten. Abgesehen davon braucht man sich, selbst wenn man eingetragen ist, gar nicht vollständig allen Vorschriften des Gesetzes auf die Dauer zu unterwerfen. Nach § 15 kann man durch ein einfaches Codicill von eigener Hand, unterschrieben und datirt, diejenigen abweichenden Bestimmungen treffen, die man für seine Verhältnisse zweckmäßig erachtet.“ (Windhorst bei der ersten Berathung im Hause der Abgeordneten.)

III. Ausführungsbestimmungen.

Bei der rein formalen Natur eines Theiles der Vorschriften des Gesetzes war bei denselben wie bei den früheren Landgüterordnungen der Erlaß von Ausführungsbestimmungen unumgänglich. Es ist Seitens des Justizministeriums die allgemeine Verfügung betreffend die Führung der Landgüterrollen im Bezirk des Oberlandesgerichts zu Breslau (Justizministerialblatt S. 98) ergangen. Dieselbe ist unter S. 65 abgedruckt.

Im Herrenhause war von einem Mitgliede (Freiherr v. Durant) der Wunsch ausgesprochen worden, der Justizminister möge dasselbe Wohlwollen, welches er der Gesetzesvorlage persönlich zugewendet habe, auch auf die ihm unterstellten Organe verpflanzen. Im Abgeordnetenhause äußerte ein Abgeordneter (Windhorst), daß die Amtsgerichte in anderen Provinzen ähnlichen Gesetzen gegenüber sich nicht allein unsympatisch, sondern sogar hinderlich in den Weg gestellt hätten. Der Justizminister hat bezüglich der Landgüterrolle für den Regierungsbezirk Cassel eine Verfügung erlassen, in welcher die Amtgerichte aufgefordert werden, der Anwendung dieses Gesetzes sich förderlich zu erweisen. Diese unten S. 70 abgedruckte Verfügung ist durch Rescript des Oberlandesgerichts zu Breslau vom 22. December 1887 den Amtsgerichten in Schlesien zur Nachachtung mitgeteilt worden.

IV. Das Verfahren nach der Landgüterordnung.

1. Führung der Landgüterrolle.

Durch die Landgüterordnung für Schlesien ist für die in dieser Provinz gelegenen Grundstücke ein besonderes Verzeichniß, die Landgüterrolle, eingeführt worden. Der Ausdruck „Rolle“ ist hier ebensowenig wörtlich zu

Landgüterrolle im Allgemeinen

nehmen wie etwa die Benennung „Gebäudesteuerrolle, Grundsteuermutterrolle“, und bedeutet nichts anderes als Verzeichniß oder Register.

Zuständigkeit des Gerichts.

Die Landgüterrollen, welche sich aus einer Anzahl Blättern zusammensetzen, werden bei und von den Amtsgerichten geführt, und zwar führt jedes Amtsgericht die Landgüterrolle für die in seinem Bezirk belegenen Grundstücke (§ 2 Abs. 1 Ges.). Wenn die Grundstücke, welche gemeinsam in die Landgüterrolle eingetragen werden sollen, in den Bezirken verschiedener Amtsgerichte liegen, so bestimmt das Oberlandesgericht — d. h. dasjenige zu Breslau — das Amtsgericht, bei welchem die Eintragung der Grundstücke in die Landgüterrolle erfolgen soll (§ 2 Abs. 2 Ges.). Daß nicht das den Amtsgerichten direkt übergeordnete Landgericht, sondern das Oberlandesgericht vom Gesetzgeber zum bestimmenden Faktor erwählt worden ist, entspricht dem § 25 Grundbuchordnung vom 5. Mai 1872 und § 20 des Ausf.-Gesetzes zum Ger.-Verfassungsgesetz vom 24. April 1878. Es bedarf dazu der Initiative Seitens desjenigen, welcher die Eintragung in die Landgüterrolle veranlaßt wissen will. Eine besondere Form ist für den Antrag nicht vorgeschrieben; jedoch muß das Sachverhältniß darin kurz dargelegt und die Bezeichnung der einzutragenden Grundstücke eine genaue sein. Der Antrag geht dahin, eins der mehreren Amtsgerichte, in deren Bezirk einzutragende Besitzungen belegen sind, mit der Führung der Landgüterrolle für diese Grundstücke zu betrauen, wobei ein bestimmtes Amtsgericht aus einem anzugebenden Grunde etwa wegen der größeren Nähe vom Wohnort des Antragstellers, als das zu erwählende zu bezeichnen ist. Auch wenn nachträglich ein Grundstück auf dem Blatte der Landgüterrolle eines anderen Amtsgerichts als des örtlich zuständigen zugeschrieben werden soll, so wird, obwohl es an einer besonderen Vorschrift hierüber fehlt, das Oberlandesgericht mit dem Antrage anzugehen sein, das Amtsgericht dazu zu ermächtigen. In jedem Falle, in welchem das Amtsgericht durch die Bestimmung des Oberlandesgerichts zuständig geworden ist, empfiehlt sich dieses in der Landgüterrolle zu vermerken.

Darüber, wie es sich verhält, wenn eine Besitzung in die Rolle eines unzuständigen Gerichts eingetragen ist, sind die Ansichten getheilt. Mit Rücksicht darauf, daß ein Landgut im Sinne der Landgüterordnung eine in die Landgüterrolle des *zuständigen* Amtsgerichts eingetragene Besitzung ist, wird man mit Meyer a. a. O. S. 32 und Hartmann, Brandenb. LGO. S. 21, die von einem unzuständigen Gericht bewirkte Eintragung als ungültig ansehen müssen. Es ist der Fall denkbar, daß eine Besitzung in die Landgüterrollen zweier Gerichte eingetragen ist, nämlich in die Rolle des eo ipso zuständigen Gerichts und in die Rolle des durch oberlandesgerichtliche Verfügung bestimmten Gerichts. Dies würde so zu beurtheilen sein, als ob zwei letztwillige Verfügungen über denselben Gegenstand vorlägen. Eine daraus sich ergebende Collision würde daher nach den Grundsätzen des materiellen Rechts über mehrere sich widersprechende letztwillige Verfügungen zu entscheiden sein. Uebrigens wird in der Praxis bei der Verbindung, in welcher die Landgüterrolle mit dem Grundbuch und die Landgüterrollenakten mit den Grundakten stehen, die Eintragung Seitens eines unzuständigen Amtsgerichts nicht so leicht vorkommen.

Wegen der Wechselbeziehungen zwischen Landgüterrolle und Grundbuch ist bestimmt (§§ 2, 6 Anweisung), daß bei den mit mehreren Richtern besetzten Amtsgerichten die die Landgüterrolle betreffenden Geschäfte von demjenigen Amtsrichter besorgt werden, welcher als Grundbuchrichter fungirt, wobei ihm derjenige Gerichtsschreiber zur Seite steht, welcher das Grundbuch führt. Es erzeugt aber keine Ungültigkeit der Eintragung, wenn ein an sich unzuständiger Richter desselben Amtsgerichts die landgüterrollenrichterliche Thätigkeit ausgeübt hat (§ 23 Abs. 2 Ausf.Ges. z. Ger.V.Ges. v. 24. April 1878). Landgüterrollen-Richter und -Führer.

Die auf die Landgüterrolle bezügliche richterliche Thätigkeit gehört zur freiwilligen Gerichtsbarkeit. Das Recht der Aufsicht, insbesondere bezüglich des Geschäftsbetriebes und der Verzögerungen steht bezüglich des Gerichtsschreibers dem die allgemeine Dienstaufsicht führenden Amtsrichter, rücksichtlich des Rollenrichters dem Präsidenten des Landgerichts, und weiter dem Präsidenten des Oberlandesgerichts, in letzter Instanz dem Justizminister zu (§ 85 a. a. O.). Beschwerden materieller Natur, welche form- und fristlos sind, gehen an das vorgesetzte Landgericht (§ 40 daselbst) und sind regelmäßig bei dem Amtsgericht einzureichen. Die weitere Beschwerde, welche nur darauf gestützt werden kann, daß die Entscheidung auf einer Verletzung des Gesetzes beruht und die Bezeichnung der verletzten Rechtsnorm enthalten muß, zwar fristlos, aber an eine gewisse Form insofern gebunden ist, als sie, wofern sie nicht von einer öffentlichen Behörde oder von einer zum Richteramt befähigten Person ausgeht, von einem Rechtsanwalt unterzeichnet oder zum Protokoll des Gerichtsschreibers beim Landgericht erklärt sein muß, geht an das Kammergericht in Berlin, wo sie auch in dringenden Fällen direkt eingereicht werden kann (§ 51—53 daselbst). Dieses überweist die weitere Beschwerde, wenn sie nur auf Verletzung der Landgüterordnung für Schlesien gegründet ist, also auf ein Gesetz, welches im Kammergerichtsbezirk nicht gilt, zur Verhandlung und Entscheidung an das Oberlandesgericht zu Breslau. Eine gleiche Ueberweisung kann erfolgen, wenn die weitere Beschwerde nebenher noch auf Verletzung einer allgemein geltenden Rechtsnorm gestützt wird (§ 56 a. a. O.). Aufsicht und Rechtsmittel.

Nach einer bei Johow und Küntzel (Jahrbücher Band V S. 203) befindlichen Note zu der einzigen Entscheidung, welche — soweit bekannt — kammergerichtsseitig in Landgüterrollensachen ergangen ist, ist übrigens die Frage, ob gegen Entscheidungen in Angelegenheiten der Landgüterrolle die weitere Beschwerde stattfindet, Seitens des Kammergerichts durch die erwähnte Entscheidung auch nicht implicite beantwortet.

2. Beschaffenheit der Landgüterrolle im Besonderen.

Die Landgüterrolle wird gemeindeweise (der Eintheilung des Grundbuches entsprechend) angelegt (§ 1 Anweis.) Der in Gutsbezirken gelegenen Grundstücke ist in der allgemeinen Verfügung nicht besonders gedacht. Es fragt sich daher, wie solche Grundstücke, wenn sie in die Landgüterrolle eingetragen werden sollen, zu behandeln sind. Richtig ist, daß dieselben, wenn sie im Gutsbezirke liegen, nicht zum Gemeindebezirk gehören. Das Grundbuch ist für die im Gemeindebezirk belegenen und für die im Gutsbezirk liegenden Grundstücke besonders anzulegen, weil dies in § 1 der Gemeindeweise Anlegung.

Grundbuchordnung vom 5. Mai 1872 so ausdrücklich bestimmt ist. Nun soll zwar die Landgüterrolle gemeindeweise der Eintheilung des Grundbuches entsprechend angelegt werden, damit ist aber noch nicht gesagt, daß auch für die Gutsbezirke besondere Rollen einzurichten sind. Im Landgüterrollenverhältniß ist es ohne Interesse, ob die Grundstücke zu einem besonderen Gutsbezirk oder ob sie zum Gemeindebezirk gehören. Es ist daher unseres Erachtens hier das Wort „gemeindeweise" im Sinne von „ortschaftsweise" aufzufassen und die erwähnte Bestimmung dahin zu verstehen, daß für jede Ortschaft eine Landgüterrolle angelegt werden muß, wobei der Eintheilung des Grundbuches zu folgen ist. Wie sollte sonst auch verfahren werden, wenn ein Bauergut desselben Ortes mit einem Rittergute, von welchen noch dazu das erstere vielleicht die größere Besitzung ist, gemeinsam in die Landgüterrolle eingetragen werden soll? Soll der Rollenrichter hier die Rolle des Guts- oder des Gemeindebezirks wählen? Auch das der Anweisung beigefügte Formular mit den darin befindlichen Beispielen bietet keinen Anhalt dafür, daß die Gutsbezirke in Beziehung auf die Landgüterrolle getrennt zu behandeln sind.

Landgüterrollenblätter.

Die Grundstücke, welche in der Landgüterrolle eine Einheit (Land gut) bilden sollen, werden in der Rolle auf einem Blatt verzeichnet, oder um mit den gleichlautenden Worten des Gesetzes und der Anweisung (§ 3) zu reden: „Jedes Landgut erhält in der Rolle ein besonderes Blatt." Die verschiedenen Blätter erhalten fortlaufende Nummern, auch wenn sie, was zulässig ist, mehrere Bände umfassen.

Für das Rollenblatt ist ein bestimmtes Formular vorgeschrieben, welches Seite 67 abgedruckt ist. Dasselbe trägt als Ueberschrift die Landgüterrollenblattnummer und den Namen der Gemeinde. Das Blatt enthält sechs Hauptspalten. In die erste wird die laufende Nummer der auf dem Rollenblatte verzeichneten Grundstücke gesetzt. Jedes in die Rolle eingetragene Grundstück hat also eine doppelte Nummer, nämlich die Rollenblattnummer, welche allen auf diesem Blatt vermerkten Grundstücken gemeinsam ist und die Rollenblatt-Bestandtheils-Nummer, welche sich darnach richtet, ob das Grundstück auf dem Rollenblatt an erster, zweiter u. s. w. Stelle eingetragen ist. Man wird daher — wir halten uns dabei an die in dem amtlichen Formular abgedruckten Beispiele — bei Citirung eines Rollenblattgrundstückes zu verfahren haben z. B. Landgüterrolle von Schleebach Bl. Nr. 1, Nr. 1 womit das in der Landgüterrolle von Schleebach auf Rollenblatt Nr. 1 unter Nr. 1 verzeichnete Grundstück gemeint ist.

In die zweite Spalte wird der Name der Gemarkung, in welcher das Grundstück liegt, sowie Band und Blatt bezw. Artikel, unter denen dasselbe im Grundbuch verzeichnet steht, eingetragen. Soll ein Rittergut eingetragen werden, welches ein besonderes Grundbuch besitzt, so wird durch die sämmtlichen Unterspalten der zweiten Hauptspalte durchgeschrieben und eingetragen: Grundbuch des Rittergutes.

Die dritte Spalte enthält die Bezeichnung der einzelnen Grundstücke nach dem Titelblatt des Grundbuchs insbesondere nach ihrer Eigenschaft als Rittergut, Bauergut, Gärtnerstelle, Garten, Acker und so weiter und zur weiteren Identificirung etwa den besonderen Namen, z. B. das rothe Vorwerk, der Niederhof und dergleichen. Die Grundstücke werden ohne nähere

Specialisirung eingetragen. Da die Aufführung derselben nach dem Grundbuche oder Mangels eines Grundbuchblattes bezw Artikels nach dem Kataster geschieht, so folgt, daß ein Grundstück, welches weder im Kataster noch im Grundbuch eingetragen ist, auch nicht rolleneintragungsfähig ist.

In der vierten Spalte findet eine für die Rolle sehr wesentliche Angabe Aufnahme, nämlich die des Grundsteuerreinertages des Grundstückes.

Die fünfte Spalte ist dazu bestimmt, die Veranlassung und die Zeit der Eintragung, die sechste diejenige der Löschung aufzunehmen. Die Eintragungs- und Löschungs-Vermerke, welche, wie die gesammten Eintragungen, vom Richter wörtlich zu entwerfen und vom Gerichtsschreiber einzutragen sind, werden von diesen beiden Gerichtspersonen unterschrieben.

Vereinigung der Rollenblätter.

Die Rollenblätter können anfänglich und soweit sich eine Uebersicht über das ungefähre Bedürfniß noch nicht gewinnen läßt, bei Gericht in Mappen aufbewahrt werden. Später sind dieselben in der durch die Nummern gegebenen Reihenfolge zu Bänden zu vereinigen (§ 4 Anweis.). Die buchmäßige Vereinigung der Rollenblätter ist die grundsätzliche Form der Landgüterrolle. Zu einem Bande können auch die Rollen mehrerer Bezirke vereinigt werden. Jeder Band ist mit fortlaufender Seitenzahl und mit einem Titelblatt zu versehen. Auf diesem sind durch einen vom Richter zu unterschreibenden Vermerk die in dem Bande enthaltenen Bezirksrollen sowie die Zahl der Seiten anzugeben. Der Vermerk wird, wenn der Band nur die Rolle eines Bezirks enthält, folgendermaßen zu lauten haben:

Dieser Band enthält die Landgüterrolle von Schleebach und hat außer dem Titelblatt 200 Seiten.

Guttentag, den 18. Februar 1893.

Judex, Amtsrichter.

Umfaßt der Band dagegen die Rollen mehrerer Bezirke, so wird dem Vermerk diese Fassung zu geben sein:

Dieser Band enthält die Landgüterrollen von Walddorf und Kleindorf und hat außer dem Titelblatt 250 Seiten.

Guttentag, den 11. Januar 1894.

Judex, Amtsrichter.

Außerdem ist für jeden Rollenband ein nach den Bezirken geordnetes Verzeichniß anzulegen, in welchem die Landgüter mit Angabe der Seiten aufgeführt werden. Eine besondere Form ist dafür nicht vorgeschrieben; es wird daher, offenbar nur zur Erleichterung des Nachschlagens und Auffindens bestimmt, dahin zu gestalten sein:

Verzeichniß der in diesem Bande enthaltenen Landgüter:

A) Bezirk Walddorf.		B) Bezirk Kleindorf.	
Landgut Nr. 1	S. 1—3,	Landgut Nr. 1	S. 91—93,
Landgut Nr. 2	S. 4—6.	Landgut Nr. 2	S 94—101.

Die Landgüter in diesem Verzeichniß noch anderweit zu benennen, wird nicht möglich sein, da ein Landgut von vorneherein verschiedene Grundbuchnummern und Theile von selbstständigen Grundstücken umfassen kann.

Aufbewahrung der Landgüterrolle.

Ueber die Aufbewahrung der Landgüterrollen hat weder das Gesetz noch die Ausführungsverfügung des Justizministers Bestimmung getroffen. Obwohl die Eintragung in dieselbe die rechtlichen Wirkungen einer letztwilligen Verfügung enthält, so können doch, wie sich aus der Natur der Sache ergiebt, für ihre Aufbewahrung nicht die bezüglich der Testamente gegebenen Vorschriften Anwendung finden. Die Landgüterrollen werden indessen mit Rücksicht auf ihre gleiche Bedeutung und Wichtigkeit ähnlich wie die Grundbücher zu behandeln, daher mit dauerhaften Einbänden zu versehen und vor Diebes- und Feuersgefahr thunlichst geschützt aufzubewahren sein. Damit ihre Unverfälschtheit und Geheimhaltung Fremden gegenüber garantirt bleibt, müssen sie verschlossen gehalten werden. Sie dürfen, wie sich aus ihrer Natur und dem Umstande ergiebt, daß sie jeder Zeit gebraucht werden können, nicht versendet werden.

Verbindung der Landgüterrolle mit dem Grundbuch.

Eine Verbindung des Grundbuches und der Landgüterrolle besteht insofern, als in der letzteren die Grundstücke nach ihrer grundbücherlichen Bezeichnung aufgeführt werden und ist andererseits durch die Anordnung in § 3 Abs. 3 Ges. geschaffen, welche lautet: „Auf dem Blatte oder Artikel des Grundbuches ist die Nummer des Rollenblattes kostenfrei zu bemerken.“ In Ausführung dieser Gesetzesvorschrift bestimmt die Anweisung § 5: „Die Nummer des Rollenblattes ist auf der Titelseite des Blattes oder Artikels des Grundbuches über die betreffenden Grundstücke zu vermerken.“ Da die den Grundakten vorgehefteten Tabellen eine wörtliche Abschrift des Blattes oder Artikels darstellen, so findet auch dort der Vermerk über die Landgutsnummer Aufnahme. Der Vermerk wird bei Grundbuchformular I unter die Grundsteuerbuch-Art.-Nr., bei Formular II unter den Namen des Eigenthümers in der Weise zu setzen sein: „Dieses Grundstück (der Bestandtheil Nr. 3 des Grundstücks) ist in der Landgüterrolle von Schleebach Bl.-Nr. 4 Nr. 1 eingetragen“, oder kurz „Landgüterrolle von Schleebach Bl.-Nr. 4 Nr. 1“. Unterschrieben wird dieser Vermerk nicht. Wenn die Landgüterrolle für ein Grundstück zu Folge oberlandesgerichtlicher Bestimmung bei einem andern Amtsgericht als demjenigen, bei welchem sich das Grundbuch befindet, geführt wird, so wird dieses von jenem zu ersuchen sein, den Vermerk über die Rolleneintragung im Grundbuche vorzunehmen. Die erwähnte gesetzliche Bestimmung ist ihrem Wortlaut und ihrer Stellung im Gesetz nach nur auf die erste Anlegung des Blattes zu beziehen; darnach wären bei anderweiten Einschreibungen in die Rolle insbesondere bei Löschungen Vermerke nicht zu veranlassen. Der bei Berathung der gleichlautenden Vorschrift der Westfälischen Landgüterordnung in der Kommission des Herrenhauses behufs Herstellung einer vollständigen Verbindung zwischen Grundbuch und Rolle gestellte Antrag, eine Bestimmung dahin zu treffen, daß alle in der Rolle vermerkten Eintragungen und Löschungen des Landgutes oder eines Theiles desselben von Amtswegen im Grundbuche zu vermerken seien, wurde im Plenum abgelehnt, weil, wie insbesondere der Justizminister hervorhob, diese Vorschrift gegen das Prinzip des § 30 der Grundbuchordnung, wonach der Grundbuchrichter nur auf Antrag verfahren könne, verstoße. Es kann also ein Grundstück in der Landgüterrolle gelöscht sein, während nach dem Vermerk, welcher sich auf dem Titelblatte des Grundbuchs befindet, dasselbe noch in der Landgüterrolle eingetragen zu sein scheint. Dies kann zu großen Mißhelligkeiten führen. Vielleicht mit Rücksicht hierauf läßt Ebert, das amtsgerichtliche Decernat, S. 401 bei der Löschung des Grundstücks in der Rolle den Rollenrichter anordnen, daß der die Rolleneintragung auf dem Titelblatte im Grundbuche kundthuende Vermerk roth unterstrichen werde. Worauf im Uebrigen diese Praxis beruht, ist nicht ersichtlich. Hält man sich streng an das Gesetz, so ist bei der Löschung des Grundstücks in der Rolle nichts im Grundbuche zu vermerken und der erwähnte Rolleneintragungsvermerk bleibt trotz der Löschung in der Rolle bestehen. Das Ebert'sche Verfahren erscheint aber als ganz zweckmäßig und empfiehlt sich umsomehr, als andernfalls die Bewirkung des Löschungsvermerkes mit nicht geringen Umständlichkeiten verknüpft ist. Man müßte nämlich einen den Formen des § 33 Grundbuchordnung entsprechenden Löschungsantrag fordern. Derselbe ließe sich, wenn vor dem Richter der Antrag auf Löschung des Gutes in der Rolle erklärt wird, mit diesem verbinden. Erscheint dies nicht angängig oder ist der Löschungsantrag schriftlich eingereicht, so bietet sich für den der strengeren Auffassung huldigenden Rollenrichter bei der nach § 6 Abs. 2 erfolgenden Benachrichtigung des Antragstellers von der Löschung des Grundstückes in der Rolle Gelegenheit, den Grundstückseigenthümer darauf aufmerksam zu machen, daß zur Löschung des grundbücherlichen, die Landgutsqualität anzeigenden Vermerkes es eines besonderen Antrages bedürfe. Zu beachten bleibt, daß, da man niemals wissen kann, welcher Praxis der Rollenrichter sich anschließt, ein im Grundbuche befindlicher Vermerk über das Eingetragensein des Grundstückes in der Landgüterrolle die Landgüterqualität nicht überzeugend darzuthun geeignet ist und daß, wenn es auf dieselbe ankommt, die Einsichtnahme der Landgüterrolle angezeigt ist.

Ueber die Verhandlungen zur Landgüterrolle sind für jedes Landgut Landgüterakten anzulegen. Dieselben bilden Beistücke der betreffenden Grundakten und sind auf dem Aktendeckel dieser als solche zu bezeichnen (§ 7 Allg. Verf.). Sie werden mit den Grundakten in einem gemeinsamen Aktenfach aufbewahrt und enthalten alle auf die Landgüterrolle bezüglichen Schriftstücke, Anträge und Verfügungen. Eine Abschrift des Rollenblattes, ähnlich der Grundbuchtabelle, ist den Landgüterakten nicht vorzuheften, wohl aber das nach § 8 Abs. 1 der Geschäftsanweisung für die Gerichtsschreibereien der Amtsgerichte vorgeschriebene Nummernverzeichniß. Nach Analogie der Grundakten vertritt bei den Landgüterakten die Bezeichnung des Rollenblattes das Aktenzeichen, so daß diese also beispielsweise zu benennen sein werden „Landgüterakten von Schleebach Nr. 1". Da die sämmtlichen auf einem Rollenblatte aufgeführten Grundstücke eine Einheit, ein Landgut, bilden, so kann jedes Rollenblatt nur ein Landgüteraktenstück haben; es können aber bei einem Landgüteraktenstück mehrere Grundaktenstücke betheiligt sein, wenn auf dem Rollenblatte mehrere grundbücherlich selbstständige Grundstücke verzeichnet stehen. In diesem Falle ist das Landgüteraktenstück nur auf einem der mehreren Grundakten als Beiaktenstück zu notiren. Da andrerseits die Bestandtheile eines Grundbuchblattes in der Landgüterrolle auf mehrere Blätter vertheilt sein, da aus einer Besitzung verschiedene Landgüter gebildet werden können, so kann, weil über jedes Landgut besondere Landgüterakten angelegt werden, ein

Landgüterakten.

Grundaktenstück mehrere Landgüteraktenstücke als Beiakten haben. In diesem Falle sind sie sämmtlich auf dem Grundaktenstücke als solche zu notiren. Rücksichtlich der Versendung der Landgüterakten muß dasselbe gelten wie für die Grundakten, das heißt sie kann nur dann als zulässig gelten, wenn der Zweck der Versendung nicht durch Abschriften zu erreichen ist. Wiewohl ein rechtes Interesse daran, daß die Landgüterakten, wenn die Wiederlöschung in der Rolle erfolgt ist, noch weiter als Beistücke bei den Grundakten verbleiben, nicht zu ersehen ist, so wird die Weiterführung doch geschehen müssen. Im Gesetz ist so wenig als in der Anweisung etwas verordnet. Wie sich aus ihrer Natur ergiebt, unterliegen Landgüterakten nicht der Weglegung geschweige denn der Vernichtung.

Einsichtnahme der Landgüterrolle und Akten, Abschrift- und Auskunft-Ertheilung daraus.

Nach dem Gesetze betreffend das Höferecht in der Provinz Hannover (§ 8) vom 2. Juni 1874 und § 7 des Gesetzes vom 21. Februar 1881 für das Herzogthum Lauenburg ist die Landgüterrolle öffentlich. Anträge, dies auch für Westfalen einzuführen, waren erfolglos. Dabei ist es auch bezüglich der Landgüterordnung für Schlesien verblieben. Die Landgüterrolle ist in Schlesien nicht öffentlich; zur Einsichtnahme sind befugt nach § 35 Abs. 6 des Einkommensteuergesetzes vom 24. Juni 1891 (G. S. S. 175) der Vorsitzende der Einkommensteuer-Veranlagungskommission und nach § 9 Ges. diejenigen, welche nach dem Ermessen des Gerichts ein rechtliches Interesse dabei haben. Das Interesse muß ein rechtliches sein. Zu denjenigen, welche ein rechtliches Interesse haben, gehören zweifelsohne der Eigenthümer und die eingetragenen Berechtigten. Entscheidend ist das pflichtgemäße Ermessen des Richters, welcher an die Genehmigung des Eigenthümers nicht gebunden ist. Ein förmlicher Nachweis des Interesses braucht dem Richter in der Regel nicht erbracht zu werden, auch mündlichen und unbescheinigten Angaben des die Einsichtnahme Nachsuchenden wird unter Umständen Glauben zu schenken sein. Bezüglich der Landgüterakten ist nichts bestimmt; da sie aber Beistücke der Grundakten sind, so muß für dieselben gelten, was § 19 der Grundbuchordnung für diese bestimmt, nämlich, daß deren Einsicht Jedem zu gestatten ist, welcher nach dem Ermessen des Richters ein rechtliches Interesse dabei hat und daß dieselbe öffentlichen Behörden und den von ihnen beauftragten Beamten freisteht.

Ein Recht auf Ertheilung von Abschriften aus der Rolle besteht für Private und öffentliche Behörden mit Ausnahme des Vorsitzenden der Einkommensteuer-Veranlagungskommission nicht. Aus den Landgüterakten können öffentliche Behörden und die von ihnen beauftragten Beamten Bemerkungen entnehmen und Abschriften fordern (§ 19 Grundbuchordnung). Auch Privatpersonen wird der Richter nach seinem Ermessen aus den Landgüterakten auf Verlangen beglaubigte und unbeglaubigte Abschriften ertheilen können.

Zur Auskunftertheilung aus der Rolle oder den Grundakten ist der Richter nur der erwähnten Steuerbehörde gegenüber verpflichtet. Da aber rücksichtlich der Grundakten in der Praxis öffentlichen Behörden gegenüber eine solche Verpflichtung angenommen wird, so werden diesen auch aus den Landgüterakten als den Beistücken der Grundakten die verlangten Auskünfte zu ertheilen sein.

3. Die einzutragenden Besitzungen.

Eintragungsfähigkeit im Allgemeinen.

Eintragungsfähig sind nicht ideelle Grundstücksantheile, sondern nur Grundstücke. Um eintragungsfähig zu sein, darf ein Grundstück nicht dem freien Verkehr entzogen, daher insbesondere nicht ein Lehns- oder Fideicommißgut sein. (Zu vergleichen Beschluß des Kammergerichts vom 5. Mai 1884. Johow und Küntzel Jahrbücher Band V S. 213.) Es muß sich ferner im Besitz einer oder mehrerer physischen Personen befinden, weil die Eintragung in die Landgüterrolle als letztwillige Verfügung gilt und eine solche nur von einer physischen Person errichtet werden kann. Diese Erfordernisse ergeben sich aus dem Sinne und Zusammenhange des Gesetzes. Ausdrücklich ist (§ 1 Abs. 2 Ges.) die Eintragungsfähigkeit davon abhängig gemacht, daß die einzutragende Besitzung in der Provinz Schlesien belegen, mit einem Wohnhause versehen, zum Betriebe der Land- oder Forstwirthschaft bestimmt und mit einem Reinertrage von mindestens 60 Mark zur Grundsteuer veranlagt ist.

Lage in der Provinz.

Die Landgüterordnung ist, wie bereits bemerkt, ein nur für die Provinz Schlesien gegebenes Gesetz; nur in dieser Provinz belegene Grundstücke können auf Grund derselben in die Landgüterrolle eingetragen werden; außerhalb Schlesiens liegende Grundstücke sind selbst dann nicht eintragungsfähig, wenn sie Pertinenz eines in dieser Provinz belegenen Landgutes sind. Daß auch der Besitzer eines einzutragenden Grundstückes seinen Wohnsitz in Schlesien haben müsse, ist nicht verordnet und keineswegs erforderlich.

Wohnhaus.

Die Besitzung muß mit einem Wohnhaus versehen sein. Diese Bestimmung schließt sich den Beschlüssen des Schlesischen Provinziallandtages an, findet sich auch in der Höfeordnung für Hannover, fehlt dagegen in den ähnlichen Gesetzen für Westfalen und Brandenburg. Bezüglich der zuletzt erwähnten Provinz hatte sich das Kammergericht dahin geäußert, daß eine solche Bestimmung zu juristischen Schwierigkeiten und thatsächlichen Irrungen führen könne. Das Oberlandesgericht in Breslau dagegen hielt ein Bedürfniß, eine Besitzung ohne Wohnhaus unter das Anerbenrecht zu stellen, nicht für vorliegend. Dieser Ansicht sind die Regierungsvorlage und die gesetzgebenden Factoren gefolgt. Der Grund des Erforderns eines Wohnhauses beruht darauf, daß nur, wenn ein solches vorhanden ist, das Grundstück geeignet erscheint, einer Familie als Wohnsitz zu dienen und für sie einen Stammsitz abzugeben. Das bloße Vorhandensein eines Wohnhauses genügt aber auch; daß dasselbe bewohnt wird oder etwa noch mit Wirthschaftsgebäuden verbunden sei, ist nicht verlangt.

Betrieb der Land- oder Forstwirthschaft.

Die Besitzung muß zum Betriebe der Land- oder Forstwirthschaft bestimmt sein, oder auch für den einen und den andern, was zwar in dem Gesetze nicht hervorgehoben ist, aber sich von selbst versteht; die Bestimmung zu dem einen oder anderen Betriebe genügt aber. Der Unterschied dieser beiden auf die Hervorbringung pflanzlicher Roherzeugnisse gerichteten Gewerbe besteht hauptsächlich darin, daß die Landwirthschaft im Gegensatz zur Forstwirthschaft durch jährliche Bebauung der zu einem Betriebe vereinigten Grundstücke Erzeugnisse gewinnt und sie verwerthet oder die jährlichen Selbsterzeugnisse der Grundstücke verwerthet. (Burlage, die Pfändung bei Personen, welche Landwirthschaft betreiben, S. 55.) In diesem

Sinne ist der Begriff „Landwirthschaft" zu verstehen, sodaß die bloße Weidewirthschaft nicht darunter begriffen wird; dasselbe gilt von der bloßen Viehzucht. Im Uebrigen kommt es auf die Art der Bewirthschaftung insbesondere, ob dieselbe durch Menschenhand oder Maschinenkraft, nur durch Menschenhand oder zugleich durch Thiere geschieht, sowie ob intensiv oder extensiv gewirthschaftet wird, nicht an: Gärtnereigrundstücke, Weinberge, Grundstücke, welche zur Erzeugung von Industriegewächsen dienen, sind ebensogut rolleneintragungsfähig wie solche, die lediglich zum Körnerbau Verwendung finden. Das Bestehen von landwirthschaftlichen Nebengewerben wie Brennereien, Stärkefabriken, Mühlen, Ziegeleien beeinträchtigt die Eintragungsfähigkeit nicht.

Die Forstwirthschaft ist die auf Hervorbringung von Holzerzeugnissen gerichtete menschliche Thätigkeit; ihr ist eine jährliche Bestellung und Ernte unbekannt.

Zur Eintragungsfähigkeit ist nicht nothwendig, daß das Grundstück zur Land- oder Forstwirthschaft benutzt wird. Es genügt wie bemerkt, wenn dasselbe dazu „bestimmt ist." Dieser Ausdruck, welcher sich schon im Entwurfe des Provinziallandtages findet und auch in den Landgüterordnungen für Westfalen und Brandenburg vorkommt, entbehrt der nöthigen Klarheit, kann aber wohl nichts anderes bedeuten, als daß der land- oder forstwirthschaftliche Betrieb für das Grundstück mindestens muß in Aussicht genommen sein. Woraus diese Bestimmung erkennbar sein soll, sowie über die Art, wie im einzelnen Falle dieselbe darzuthun ist, verordnet das Gesetz nichts. Es wird zum Zweck der Eintragung von zur Zeit noch nicht land- oder forstwirthschaftlichbenutzten Grundstücken dem Amtsgericht nachzuweisen sein, daß fortan einer dieser Betriebe auf dem Grundstücke stattfinden soll. Dasselbe kann durch Bescheinigungen öffentlicher Behörden, welche etwa Vorbereitungshandlungen beurkunden, geschehen; auch die Beibringung einer eidesstattlichen Versicherung des Grundstückseigenthümers kann nicht als unzulässig gelten. In den meisten Fällen werden die Grundstücke nicht allein zu einem der beiden Betriebe bestimmt sein, sondern auch benutzt werden, weshalb schon die Angaben des Grundbuchs bezw. des Grundsteuermutterrollen-Auszuges über die Arten der Ländereien als Acker, Wiesen, Holz u. s. w. genügen werden. Ein land- oder forstwirthschaftlich benutztes Grundstück ist nicht eintragungsfähig, wenn es demnächst zu einem anderen Gebrauche dienen soll, etwa zu einem Barackenlager oder Schießplatz bestimmt ist.

Reinertrag. Während nach dem Gesetz betreffend das Höferecht in Hannover vom 24. Februar 1880 § 1 (Ges. S. S. 84) und nach dem Gesetz über das Höferecht für den Kreis Lauenburg vom 21. Februar 1881 § 5 (Ges. S. S. 19) außer den Rittergütern jede landwirthschaftliche, mit einem Wohnhaus versehene Besitzung ohne Rücksicht auf die Höhe des Reinertrages und die Größe in die Höferolle eingetragen werden kann, ist nach den Landgüterordnungen für Westfalen und Brandenburg die Eintragung nur für solche Besitzungen zulässig, welche einen bestimmten Reinertrag aufweisen. Die Feststellung einer Minimalgrenze des Grundsteuerreinertrages hat ihren Grund darin, daß das öffentliche Interesse, welches an der Erhaltung eines selbstständigen, leistungsfähigen Grundbesitzerstandes besteht, sich nur auf Grundstücke von solchem Umfang erstreckt, welche dem Besitzer und dessen Familie bei Betheiligung aller an der landwirthschaftlichen

Arbeit einen auskömmlichen Unterhalt gewähren. Der in Westfalen und Brandenburg geltende Minimalsatz von 75 Mark erschien dem Provinziallandtage für Schlesien als zu hoch bemessen, da es insbesondere im Regierungsbezirk Liegnitz in den höheren Gebirgsgegenden ländliche Wirthschaften giebt, welche nur mit 30 bis 40 Mark zur Grundsteuer eingeschätzt sind und doch eine Familie durch Landwirthschaft zu ernähren vermögen. Der Provinziallandtag wollte die unterste Grenze der Eintragungsfähigkeit an die Entrichtung von 6 Mark jährlicher Grundsteuer geknüpft wissen. Die Staatsregierung hatte gegen die Erweiterung des Kreises der eintragungsfähigen Grundstücke nichts einzuwenden und räumte ein, daß gerade dies ein Punkt sei, der nach den verschiedenen Verhältnissen der einzelnen Provinzen verschieden geregelt werden könne; allein sie erklärte es für unpraktisch die Höhe der Grundsteuer zum Maßstabe zu erwählen, da nur der Grundsteuerreinertrag nicht aber die Grundsteuer im Grundbuche vermerkt ist. Es würde daher in jedem einzelnen Eintragungsfalle ein besonderer Nachweis über die Höhe der letzteren zu erbringen und dieser oft nur unter Schwierigkeiten und mit Umständen zu beschaffen sein. Zur Feststellung der Höhe würde auf die Grundsteuerheberollen, in welchem indessen die Grundstücke nicht nach Blatt, Artikel und Nummer des Grundbuchs angegeben seien, zurückgegriffen werden müssen. Daher würde die Identificirung der Grundstücke noch besonders vorgenommen werden müssen, was umständlich wäre. Mit Recht wollte mit Rücksicht auf diese Verhältnisse die Staatsregierung auch in Schlesien es dabei belassen, daß für die Rolleneintragungsfähigkeit eines Grundstückes dessen stets aus dem Grundbuche ersichtlicher Reinertrag maßgebend sein sollte. Man einigte sich schließlich auf den Minimalbetrag von 60 Mark, von dessen Vorhandensein die Eintragungsfähigkeit abhängig gemacht worden ist.

Uebrigens beträgt nach den Resultaten der neuen Steuerveranlagung in Schlesien der allgemeine Procentsatz der Grundsteuer 9,574 Procent des Grundsteuerreinertages. Demnach entspricht der Grundsteuerbetrag von 6 Mark in runder Summe dem Grundsteuerreinertrage von 60 Mark. In Schlesien beträgt der Grundsteuereinertrag der nutzbaren Liegenschaften durchschnittlich $3\frac{1}{2}$ Mark pro Morgen, so daß die Güter um eintragungsfähig zu sein, durchschnittlich etwa 17 Morgen groß sein müssen. In den Gegenden mit unfruchtbarem Boden ist natürlich der Grundsteuerreinertrag geringer und es gehört dort eine größere Fläche dazu, damit eine Besitzung einen Grundsteuerreinertrag von 60 Mark aufweise; in den unwirthlichsten Theilen der Provinz sind mehr als 60 Morgen erforderlich.

Weitere Vorbedingungen braucht eine in die Landgüterrolle einzutragende Besitzung nicht zu erfüllen; es ist gleichgültig, ob dieselbe in einer ländlichen oder städtischen Feldmark liegt, ob sie ein wirthschaftliches Ganzes bildet oder des Zusammenhanges entbehrt, ob sie bewirthschaftet wird oder brachliegt, ob sie vom Eigenthümer bewirthschaftet wird oder in Pacht ausgethan ist, ob sie im Alleineigenthum oder im Miteigenthum steht. Die größten wie die kleinsten Besitzungen — wofern sie nur den vorerwähnten Erfordernissen genügen — sind eintragungsfähig, Rittergüter so gut wie Bauergüter. Auch die grundbücherliche Verzeichnung hat keinen Einfluß: der Bestand eines Grundbuchblattes kann in mehrere landgüterrollenmäßige Einheiten zerlegt werden, wenn nur jeder Theil den an ein Landgut zu stellenden Anforderungen entspricht, und mehrere mit besonderen Grundbuchblättern versehene Grundstücke können zu einem Landgut durch Eintragung auf Ein Rollenblatt vereinigt werden.

Wann die gesetzlichen Voraussetzungen vorhanden sein müssen.

Ein Landgut, so lautet § 4 Abs. 1 Ges., soll in der Rolle nur dann eingetragen werden, wenn die Voraussetzungen des § 1 Abs. 2 zur Zeit der Eintragung vorhanden sind. Dies ist eine Instructionsvorschrift für den Amtsrichter, wonach derselbe zu prüfen hat, ob die erwähnten Voraussetzungen vorhanden sind und zwar zur Zeit der Eintragung, d. h. wenn der Einschreibungsvermerk von dem Richter und Gerichtsschreiber in der Rolle unterzeichnet wird. Das Gesetz bestimmt in Absatz 2 dieses Paragraphen: „Die Eintragung kann nicht aus dem Grunde angefochten werden, weil diese Voraussetzungen zur Zeit der Eintragung nicht vorhanden gewesen seien!" Diese Bestimmung soll eine größere Rechtssicherheit gewähren; sie will mit Bezug auf ein eingetragenes Landgut jeden späteren Proceß darüber, ob dasselbe zur Zeit der Eintragung im Sinne von § 1 Abs. 2 eintragungsfähig gewesen ist, abschneiden und bedeutet, wie der Berichterstatter im Herrenhause unter Zustimmung des Regierungscommissars hervorhob, daß, wenn einmal ein Hof eingetragen ist, welcher an sich nicht hätte eingetragen werden dürfen, weil z. B. etwas von dem erforderlichen Reinertrag fehlte, nicht nur die Eintragung selbst nicht nachträglich aus dem Grunde angefochten werden kann, weil die Voraussetzungen des § 1 Abs. 2 zur Zeit der Eintragung nicht vorhanden gewesen seien, sondern daß dann auch die materiellen Bestimmungen in der That auf diesen Hof im gegebenen Falle Anwendung finden. Darnach kann die Eintragung einer Possession in die Rolle wegen des Mangels der gesetzlichen Requisite sei es im Proceß- sei es im Beschwerde-Wege nicht angefochten werden, wenn der Mangel schon zur Zeit der Eintragung vorlag. Der Mangel der gesetzlichen Voraussetzungen, welche nach der Eintragung entstanden ist, giebt dagegen einen Anfechtungsgrund ab.

Eine Anfechtung der Eintragung in die Landgüterrolle findet, wie sich aus dem Zweck und Zusammenhang der Landgüterordnung ergiebt, wegen Verletzung des nach dem allgemein geltenden Recht zu berechnenden Pflichttheil nicht statt. Das Gesetz verfolgt ja den Zweck, zu Gunsten des Anerben und zum Nachtheile der Miterben den Pflichttheil der letzteren zu beschränken. Indem es dem Grundstückseigenthümer die Befugniß beilegt, das Pflichttheilsrecht solchergestalt durch Eintragung des Gutes in die Landgüterrolle zu ändern, entzieht es zugleich den Miterben das Recht, den Pflichttheil nach Maßgabe der allgemeinen Rechtsvorschriften zu fordern.

Dagegen ist die Eintragung wegen des Fehlens nothwendiger, im Gesetz nicht besonders hervorgehobener Voraussetzungen z. B. wegen des Mangels der Verkehrsfähigkeit des Grundstückes anfechtbar; die Eintragung kann auch wie jede andere Willenserklärung, wenn es dem zu Grunde liegenden Antrage an einem gesetzlichen Erforderniß fehlte, der Antragsteller z. B. geisteskrank war oder durch Gewalt, Drohung, Betrug zu dem Eintragungsantrage veranlaßt worden ist, angefochten werden. Schließlich ist noch zu bemerken, daß die Voraussetzungen des § 1 Abs. 2 Ges.: Wohnhaus, Bestimmung der Liegenschaft zu Land- oder Forstwirthschaft, Reinertrag von mindestens 60 Mark nur bei der ersten Einschreibung auf ein Rollenblatt vorhanden zu sein brauchen; sie müssen also bei demjenigen Grundstücke vorliegen, mit welcher ein Rollenblatt angelegt wird. Bei denjenigen Grundstücken, welche zugleich mit einer den objectiven Voraussetzungen des Gesetzes entsprechenden Besitzung oder später auf demselben Rollenblatte eingetragen werden, brauchen sie nicht zuzutreffen; bezüglich solcher Grundstücke gilt nur, daß sie in Schlesien belegen, dem freien Verkehr unterworfen sein und im Besitz von physischen Personen sich befinden müssen.

4. Entstehung des Landgutes.

Eine landgüterrollenmäßige Einheit oder, wie sich das Gesetz ausdrückt, (§ 1) eine in die Landgüterrolle eingetragene Besitzung heißt ein Landgut. Versteht man sonst unter Landgut einen selbstständigen, mit Ackerbau und Viehzucht verbundenen Wirthschaftscomplex, so wird hierdurch für die Provinz Schlesien ein besonderer Begriff des Wortes „Landgut“ geschaffen. Begriff des Landgutes

Zum Landgut in diesem specifischen Sinne kann eine Liegenschaft nur auf Antrag werden und zwar auf Antrag des Eigenthümers beziehungsweise der mehreren Eigenthümer, welche über das Grundstück letztwillig zu verfügen berechtigt sind. Daß auch Miteigenthümer das in ihrem gemeinschaftlichen Besitz befindliche Grundstück in die Landgüterrolle eintragen lassen können, ging aus dem Gesetzentwurfe nicht deutlich hervor. Man erwog jedoch in der Commission des Herrenhauses, daß, wenn ein Hof in dem Eigenthum mehrerer sich befindet, und diese sich in dem Willen vereinigen, den Hof in die Rolle eintragen zu lassen, die Eintragung in die Rolle doch auch von diesen mehreren Eigenthümern wirksam müßte beantragt werden können, was für Schlesien, wo häufig der Fall vorkäme, das Eheleute das gemeinsame Eigenthum am Hofe hätten, sehr wichtig sei. Es herrschte zwar Einigkeit darin, daß die materiellen Folgen der Rolleneintragung, das Anerbenrecht, nicht eintreten solle, wenn der Erblasser bei seinem Tode nicht Alleineigenthümer des Landgutes war, aber man wollte den Hof wenigstens für die Zukunft in der Rolle stehen haben, damit, wenn wieder ein Erbfall vorkommt, wo in der That die Voraussetzungen für den Eintritt des Anerbenrechtes erfüllt sind, das Anerbenrecht auch ohne Weiteres wirklich Platz greifen kann. Eintragungsantrag.

Daß der Antragsteller grundbuchmäßiger Eigenthümer des Grundstückes ist, wird nicht verlangt. Ist er dies, so genügt bei der Antragstellung die Bezugnahme auf das Grundbuch; ist er im Grundbuche nicht als Eigenthümer eingetragen, so muß er sein Eigenthum nach den Vorschriften des bürgerlichen Rechts nachweisen. Wenn ein Grundbuchblatt für das betreffende Grundstück noch nicht angelegt ist, so wird sich empfehlen, durch das in § 135 Grundbuchordnung gewährte vereinfachte Verfahren dem Grundbuchrichter das Eigenthum darzuthun und so zunächst die Anlegung eines Grundbuchblattes und darnach erst die Eintragung des Grundstückes in die Landgüterrolle unter Bezugnahme auf die Angaben des Grundbuches in Antrag zu bringen. Antragsberechtigung.

Nur der oder die Grundstückseigenthümer, welche letztwillig verfügen können, sind befugt, die Eintragung eines Grundstückes in die Landgüterrolle zu beantragen. (§ 5 Ges.) Diese Vorschrift ist eine konsequente Folge davon, daß die Eintragung in die Rolle sich als Verfügung von Todeswegen darstellt. Wer letztwillig disponiren kann, richtet sich nach den Vorschriften des bürgerlichen Rechts, in Schlesien also nach dem allgemeinen Landrecht. Darnach sind zur Errichtung eines Testamentes, also auch zur Stellung von Anträgen auf Eintragung in die Rolle unfähig Personen unter 14 Jahren, Mönche und Nonnen nach abgelegtem Klostergelübde, sowie Wahn- und Blödsinnige, wenn sie unter Vormundschaft gestellt sind; sind sie nicht bevormundet, so können sie in lichten Augenblicken restiren. Testirunfähig sind ferner Taubstumme, wenn sie nicht schreiben und lesen können. Auch blos Taube oder blos Stumme können nicht testiren, wenn sie weder schriftlich noch mündlich noch durch Zeichen sich verständlich machen können. Verschwender werden durch ihre Beschränkung in der Testirfähigkeit nicht gehindert, die Eintragung ihrer Grundstücke in die Landgüterrolle zu beantragen; die Eintragung ist aber nur dann für deren gesetzliche Erben rechtsverbindlich, wenn trotz des in Folge der Eintragung eintretenden Anerbenrechts Jeder der Erben noch mindestens die Hälfte seiner Intestatportion erhält. Diejenige Person, welche mit einer anderen Blutschande getrieben und daher in der Testirfähigkeit beschränkt ist, wird dadurch nicht gehindert, die Landgüterrollen-Eintragung ihres Grundstückes wirksam zu beantragen, auch wenn der nächste zum Anerbenrecht Berufene der Mitschuldige wäre. Der Fall, daß Jemand, der in eine öffentliche Armenanstalt aufgenommen worden ist, in die Lage kommen sollte, die Eintragung eines ihm gehörigen Grundstückes in der Landgüterrolle zu beantragen, dürfte nicht so leicht vorkommen. Wenn auch nach § 78, Th. II Tit. 19, A. L.R. das gesetzliche Erbrecht einer solchen Anstalt durch Verfügungen auf den Todesfall weder entzogen noch geschmälert werden kann, so vermag doch ein in dieselbe Aufgenommener die Rolleneintragung mit rechtlichem Effect zu beantragen, da das Erbrecht davon abhängt, daß der Aufenthalt in der Anstalt bis zum Tode der Person gedauert hat, sich also vorher niemals absehen läßt, ob dieser Fall eintreten wird. Ist eine gänzlich testirunfähige Person Eigenthümer eines an sich rolleneintragungsfähigen Grundstückes, so ist während ihrer Besitzzeit die Rolleneintragung unthunlich, denn eine Vertretung ist bei der Antragstellung mit Rücksicht darauf, daß es sich dabei um eine letztwillige Verfügung handelt, ausgeschlossen. Die rechtlich hilfsbedürftigen Personen treten bei diesem Acte selbstständig auf; es bedarf also nicht der Genehmigung des Vaters, Vormundes, Ehemannes. Die Dispositionsfähigkeit ist bei der Antragstellung wie bei jeder letzwilligen Verfügung erforderlich.

Der Antragsteller muß aber auch in Bezug auf das einzutragende Grundstück letztwillig zu verfügen berechtigt sein; es muß also sein freies unumschränktes Eigenthum sein, er darf weder durch in Betracht kommende wirksame letztwillige Verfügungen eines Anderen, noch durch eigene wechselseitige oder erbvertragliche Bestimmungen in der letztwilligen Verfügung darüber beschränkt sein. Haben Eheleute eiu wechselseitiges Testament errichtet und einem Kinde oder Verwandten des Zuerstverstorbenen die Besitzung zugewandt, so kann der Ueberlebende die Rolleneintragung derselben nicht veranlassen, wenn dadurch die in dem Testament bestimmte Erbfolge in das Gut geändert wird. Dasselbe gilt, wenn die letztere schon durch Erbvertag geordnet ist; auch wer ein Grundstück als Fiduciarerbe besitzt, vermag über dasselbe nicht von Todeswegen zu verfügen, die hiergegen erfolgten Eintragungen sind unanfechtbar.

Die Thatsache, daß Jemand verehelicht ist, hindert denselben nicht die Eintragung ohne Genehmigung des andern Theils zu beantragen. Daß der andere Ehegatte bei der Erbauseinandersetzung eventuell das Recht hat, das Grundstück zu übernehmen, kommt hierbei nicht in Betracht. Steht das Grundstück im Miteigenthum, so ist der Antrag aller Miteigenthümer erforderlich.

Ist die Eintragung auf Antrag einer Person erfolgt, die nicht Eigenthümer oder nicht letztwillig zu verfügen berechtigt ist, muß dieselbe als ungültig gelten. Hartmann (Westf. L.-G.-O. S. 20 A. 11 und Brandenb. L.-G.-O. S. 28) nimmt an, daß die Eintragung wirkungslos sei. Gehe das Landgut aber in dritte Hände über, so werde die zu Unrecht geschehene Eintragung doch nunmehr als gültig anzusehen sein, da nach § 7 des Gesetzes angenommen werde, daß der Erwerber die einmal erfolgte Eintragung für rechtsverbindlich anerkennen wolle und es darauf, ob sie zu der Zeit, als sie erfolgte, rechtsgültig war, für ihn als Besitznachfolger nicht ankommen könne. Wenngleich die Eintragung in die Landgüterrolle eine Art letztwillige Verfügung darstellt, so ist der diesbezügliche Antrag doch nicht an die strenge Form des Testamentes geknüpft, sondern in formeller Beziehung möglichst einfach gestaltet worden, um auch dadurch dem Gesetze die Wege zu ebnen. Der Provinziallandtag verlangte für den Eintragungs- bezw. Löschungs-Antrag notarielle oder gerichtliche Form, wollte dieselbe aber bei Krankheitsfällen mit tödtlichem Ausgange durch die Beglaubigung des Gemeindevorstehers und eines Schöffen ersetzen lassen. Hiergegen wußte aber das oberste Gericht der Provinz eine große Reihe erheblicher Bedenken geltend zu machen, denen sich die Staatsregierung nicht verschließen konnte. Die letztere bezeichnete es nicht als erwünscht, neue Formvorschriften einzuführen und erkannte ein Bedürfniß für die Neuerung nicht an, da Jeder, der die Eintragung vornehmen lassen wolle, in der Regel und abgesehen von sehr seltenen Ausnahmefällen Zeit genug habe, das Gericht oder den Notar zuzuziehen. Wenn die Antragstellung etwa erst auf dem Todtenbette vor Gemeindevorsteher und Schöffen geschehen sollte, so sei unter Umständen keine Garantie gegeben, daß sie wirklich dem ernsten Willen des Betreffenden entspreche. Unter solchen Erwägungen ist die Bestimmung des § 6 Abs. 1 des Gesetzes entstanden, wonach die Anträge entweder mündlich angebracht oder schriftlich eingereicht und im letzteren Falle gerichtlich oder notariell aufgenommen oder beglaubigt sein müssen. Wenn der Antrag bei dem die Rolle führenden Amtsgericht mündlich angebracht wird, nimmt der Rollenrichter unter Beobachtung der für Akte der freiwilligen Gerichtsbarkeit geltenden Formvorschriften, also ohne Zuziehung eines Gerichtsschreibers, darüber ein Protokoll auf. Die mündlichen Anträge können nicht blos an der Gerichtsstelle, sondern auch auf Gerichtstagen gestellt werden (Justizministerialreskript vom 18. Juni 1881. I, 1668).

Form des Antrages.

Die Form der bloßen Beglaubigung genügt allgemein, also auch für Personen zwischen 14 und 18 Jahren, obwohl diese ihr Testament nur zu gerichtlichem Protokoll errichten können. Wenngleich mehrere Personen in einer Urkunde gemeinsam nur dann testiren können, wenn sie Ehegatten sind, so sind doch die Miteigenthümer eines Grundstückes schlechthin befugt, die Eintragung des ihnen gemeinsam gehörigen Grundstückes in einer Urkunde zu beantragen. Hingegen sind die allgemeinen gesetzlichen Bestimmungen, welche für Blinde, Taubstumme und Schreibensunkundige gelten, auch auf die die Landgüterrolle betreffenden Eintragungs- und Löschungsanträge anzuwenden, sodaß die ersten beiden Kategorien nur zu gerichtlichen, die Schreibensunkundigen, — wozu auch diejenigen, welche nur ihren Namen, sonst aber nicht schreiben und nicht lesen können, sowie solche, welche momentan zum Beispiel durch körperliche Leiden am Schreiben verhindert sind, gehören — auch zu notariellem Protokoll dieselben stellen können (§§ 171, 172 Th. I Tit. 5 A.L.R., §§ 4, 8 Th. II Tit. 3 A.G.O.).

Prüfung des Antrages.

Der Antrag auf Eintragung in die Landgüterrolle ist dahin zu prüfen,

1. ob das Gericht zuständig ist, also ob das einzutragende Grundstück entweder im Bezirk des Gerichts belegen oder die Zuständigkeit durch oberlandesgerichtliche Anordnung begründet ist,
2. ob der Antrag die gesetzliche Form hat,
3. ob der Antragsteller antragsfähig insbesondere berechtigt ist, letztwillig zu verfügen und speziell dies bezüglich des einzutragenden Grundstückes thun kann,
4. ob das Grundstück den allgemeinen Erfordernissen entspricht, also unter Anderem dem freien Verkehr unterworfen ist und ob es den besonderen Voraussetzungen der Landgüterordnung genügt.

1. Beispiel: Protokollarischer Antrag auf Eintragung.

Der Antrag auf Eintragung eines Grundstückes in die Landgüterrolle und die darauf zu erlassende Verfügung wird folgendermaßen zu lauten haben:

Verfügung

I. Einzutragen in die Landgüterrolle von Kleindorf Bl. Nr. 1. Lfd. Nr. 1.

Spalte 1: Kleindorf, Grundbuch des Rittergutes.

Spalte 3: Das gesammte Gutsarnal, bestehend aus Acker, Wiese, Wasser, Wald und 6 Ar Hofraum in Gesammtgröße von 501,2463 ha.

Spalte 4: 6225,74 Mk.

Spalte 5: Eingetragen auf Antrag des Rittergutsbesitzers Johann Reich vom 21. December 1885 am . . . . . .

II. Nachricht dem Grundstückseigenthümer.

III. Auf dem Titelblatt des Grundbuchblattes und der Tabelle ist zu notiren: Landgüterrolle von Kleindorf Bl.-Nr. 1 Nr. 1.

IV. Nachricht zu den Generalakten betreffend Grundbuchwesen.

N . . . ., den 21. December 1885.

Vor dem unterzeichneten Amtsrichter erscheint bekannt und verfügungsfähig

der Rittergutsbesitzer Johann Reich aus Kleindorf

und erklärt:

Wie das Grundbuch ergiebt, bin ich eingetragener Eigenthümer des Rittergutes Kleindorf, welches mit 6225,74 Mk. Reinertrag zur Grundsteuer veranlagt ist. Auf demselben befindet sich auch ein Wohnhaus, wie ich, da die Gebäude nicht in das Grundbuch übernommen sind, durch Ueberreichung eines Gebäudesteuerrollen-Auszuges darthue. Indem ich bemerke, daß ich in der freien Verfügung über das Gut in keiner Weise beschränkt bin, beantrage ich, dasselbe in die Landgüterrolle einzutragen.

v. . g. . u.

Johann Reich.

a. — u. — s.

Judex, Amtsrichter.

Das unter IV Verfügte beruht auf den Justizministerialreskripten vom 6. Februar und 30. Juli 1885, Inhalts deren über die Eintragungen in die Landgüterrolle in gewissen Zwischenräumen an die vorgesetzte Dienstbehörde zu berichten ist. Daß Landgüterakten, welche als Beistücke zu den Grundakten zu nehmen sind, gebildet werden sollen, braucht nicht besonders verfügt zu werden; dies zu besorgen ist Sache der Gerichtsschreiberei.

2. Beispiel: Notariell beglaubigter Antrag auf Eintragung einzelner Grundstücksbestandtheile.

Wie das Grundbuch ergiebt, bin ich eingetragener Eigenthümer des zu Walddorf belegenen, im Grundbuche von Walddorf Band I Bl.=Nr. 17 verzeichneten Restgutes, welches aus 1. Holz in Größe von 62,000 ha, Hofraum und Wiese in Größe von 10,2030 ha, 3. Holz groß 2,0460 ha, 4. Acker in Größe von 11,4600 ha (K.Bl. 3 Fl.A. $\frac{221-224}{47}$) besteht. Indem ich bemerke, daß ich unumschränkter Grundstückseigenthümer bin, der Grundsteuerreinertrag der ersten drei Bestandtheile 1020 Mark beträgt, dieselben dem land= und forstwirthschaftlichen Betriebe dienen und, wie die hiermit übergebene Bescheinigung des Amtsvorstehers ergiebt, ein Wohnhaus, das sog. Forsthaus aufweisen, beantrage ich, die ersten drei Bestandtheile in die Landgüterrolle einzutragen.

N...., den 27. April 1886.

Benjamin Franke,

(notarieller Beglaubigungsvermerk.)

V.

I. Einzutragen in die Landgüterrolle von Walddorf neues Blatt Nr. 2.
   Laufende Nr. 1.
   Spalte 2: Walddorf Bd. I Bl.=Nr. 17.
   Spalte 3: Hofraum, Wiese, Holz 74,2530 ha.
   Spalte 4: 1020 Mark.
   Spalte 5: Eingetragen auf Grund des Antrages des Restgutsbesitzers Benjamin Franke vom 27. April 1886 am ......

II. Im Grundbuche von Walddorf Bl.=Nr. 17 Titelbl. ist zu vermerken:
   Bestandtheil Nr. 1 bis 3 dieses Grundstücks sind in der Landgüterrolle von Walddorf Bl.=Nr. 1 Nr. 1 eingetragen.

III. Nachricht dem Grundstückseigenthümer.

IV. Nachricht zu den Generalakten betreffend Grundbuchwesen.

---

3. Beispiel: Protokollarischer Eintragungs-Antrag eines im Grundbuche nicht eingetragenen Grundstückseigenthümers.

N...., den 2. Juni 1889.

Vor dem unterzeichneten Amtsrichter erschienen

1. verwittwete Bauergutsbes. Fleißig, Karoline, geb. Tüchtig,
2. Landwirth Paul Fleißig,

beide aus Waldau, von Person bekannt und verfügungsfähig.

Dieselben erklärten:

Im Grundbuche von Waldau Band I Bl.=Nr. 24 ist, wie dieses ergiebt, der Bauergutsbesitzer Ehrenfried Fleißig als Eigenthümer eingetragen. Derselbe ist verstorben und ausweislich des hiermit überreichten Erbattestes vom 31. März c.

V.

I. Einzutragen in die Landgüterrolle von Walddau neues Blatt Nr. 2.
   Laufende Nr. 1.
   Spalte 2: Waldau Bd. I Bl.Nr. 24.
   Spalte 3: das Bauerngut mit Wohnhaus, Scheune, Schuppen, Stall und 5 ar Garten in Gesammtgröße von 18,0840 ha.
   Spalte 4: 60,20 Mark.
   Spalte 5: eingetragen auf Antrag der verwittweten Bauergutsbesitzer Karoline Fleißig geb. Tüchtig und des Landwirths Paul Fleißig vom 2. Juni 1889 am ......

II. Auf dem Titelblatte des Grundbuches von Nr. 24 Waldau ist zu vermerken: Landgüterrolle von Waldau Bl.Nr. 1 Nr. 1.

III. Nachricht dem Grundstückseigenthümer.

IV. Nachricht zu den Generalakten betreffend Grundbuchwesen.

von uns beerbt worden. Wir beziehen uns darüber, daß das Grundstück ein Bauergut ist, also zum landwirthschaftlichen Betriebe dient, daß es mit 60,20 Mk. zur Grundsteuer veranlagt und mit einem Wohnhause versehen ist, auf das Grundbuch und beantragen

die Besitzung in die Landgüterrolle einzutragen.

v. g. u.

Karoline Fleißig geb. Tüchtig. Paul Fleißig.

geschlossen.

Judex.

---

4. Beispiel. Beglaubigter Antrag auf Eintragung mehrerer selbstständiger Grundstücke auf einem Rollenblatt.

B.

I. Einzutragen in die Landgüterrolle von Schwarzbach Blatt Nr. 4.

Laufende Nr. 1.

Spalte 2: Schwarzbach Band II Bl.=Nr. 103.

Spalte 3: das Bauergut mit Wohnhaus, Wirthschaftsgebäuden und Hofraum, Acker groß 28,4700 ha.

Spalte 4: 183 Mark.

Laufende Nr. 2.

Spalte 2: Schwarzbach Band II Bl.=Nr. 117.

Spalte 3: Eine Auenhäuslerstelle von 7,4207 ha.

Spalte 4: 67 Mark.

Laufende Nr. 3.

Spalte 2: Scharfenberg Band III Bl.=Nr. 120.

Spalte 3: ein Ackerstück groß 2,0400 ha

Spalte 4: 18 Mark.

Spalte 5: Nr. 1—3 eingetragen auf Grund des Antrages des Bauergutsbesitzers Gottlieb Schneider vom 7. Juli 1888 am .....

II. Es ist zu vermerken im Grundbuche Titelblatt von

a) Nr. 103 Schwarzbach, Landgüterrolle von Schwarzbach Bl.=Nr. 4 Nr. 1.

b) Nr. 117 Schwarzbach, Landgüterrolle von Schwarzbach Bl.=Nr. 4 Nr. 2.

Ausweislich des Grundbuches von Schwarzbach bin ich eingetragener Eigenthümer des Band II Blatt=Nr. 103 des Grundbuches verzeichneten Bauergutes, der daselbst Nr. 117 eingetragenen Auenhäuslerstelle und des unter Nr. 120 des Grundbuches von Scharfenberg intabulirten Ackerstückes. Auf dem Areal der beiden ersten Grundstücke steht je ein Wohnhaus. Dieselben werden, wie sich aus ihrer Natur ergiebt und ich erforderlichen Falls durch eine Bescheinigung des Gemeindevorstehers nachweisen werde, sämmtlich zum landwirthschaftlichen Betriebe gebraucht. Das erste ist mit 183 Mark, das zweite mit 67 Mark, das dritte mit 18 Mark zur Grundsteuer veranlagt. Ich beantrage,

diese drei Grundstücke gemeinsam in die Landgüterrolle einzutragen.

Schwarzbach, den 7. Juli 1888.

Gottlieb Schneider,

(gerichtlicher Beglaubigungsvermerk).

c) Nr. 120 Scharfenberg, Landgüterrolle von Schwarzbach Bl.-Nr. 4 Nr. 3.

III. Nachricht dem Grundstückseigenthümer.

IV. Nachricht zu den Generalakten betreffend Grundbuchwesen.

B.

I. Einzutragen auf ein neues Blatt der Landgüterrolle von Boberberg Nr. 8.

Laufende Nr. 1.

Spalte 2: Boberberg Band IV Bl.-Nr. 210.

Spalte 3: Wohnhaus und Hofraum, Scheuer, Schuppen in Größe von 14,0990 ha.

Spalte 4: 69,77 Mark.

Spalte 5: Eingetragen auf Grund des Antrages des Großbauers Ephraim Weise vom 12. Februar 1893 am ......

II. Einzutragen auf ein neues Blatt der Landgüterrolle von Boberberg Nr. 9.

Laufende Nr. 1.

Spalte 2: Boberberg Band IV Bl.-Nr. 210.

Spalte 3: Auszugshaus, Acker und Wiesenland auf Müllerbauers 29,9480 ha.

Spalte 4: 115,60 Mark.

Spalte 5: Eingetragen auf Grund des Antrages des Großbauers Ephraim Weise vom 12. Februar 1893 am ......

III. Zu notiren im Grundbuche von Boberberg Bl.-Nr. 210 Titelblatt: Die Bestandtheile des Großbauergutes sind in der Landgüterrolle von Boberberg und zwar Nr. 1 auf dem Rollenblatte Nr. 8 Nr. 1, die Bestandtheile Nr. 2 und 3 auf dem Rollenblatte Nr. 9 Nr. 1 eingetragen.

N ...., den 12. Februar 1893.

5. Beispiel. Antrag auf Eintragung einer Besitzung als mehrere Landgüter.

Vor dem unterzeichneten Landgüterrollenrichter erschien heute in bekannter und verfügungsfähiger Person

der Großbauer Ephraim Weise
aus Boberberg

und trug folgendes vor:

Ausweislich des Grundbuches bin ich eingetragener Eigenthümer des im Grundbuche von Boberberg Band IV Bl. 210 verzeichneten Großbauergutes. Dasselbe setzt sich aus folgenden Bestandtheilen zusammen:

1. das Bauergut mit a) Wohnhaus und Hofraum, b) Scheuer, c) Schuppen in Größe von 14,0990 ha mit 69,77 Mark Reinertrag,
2. Auszugshaus mit 15 Mk. Nutzungswerth,
3. Acker und Wiesenland auf Müllerbauers in Größe von 29,9480 ha mit 115,60 Mark Reinertrag.

Dies alles ergiebt sich aus dem Grundbuche. Das Gut wird, wie sich aus der Natur seiner Bestandtheile ergiebt, zur Landwirthschaft benutzt, was schlimmsten Falls besonders nachgewiesen werden kann. Ich bin in keiner Weise in der Verfügung über das Gut beschränkt und beantrage:

Eintragung desselben in die Landgüterrolle und zwar Bestandtheil Nr. 1 als ein besonderes Landgut, und Bestandtheil Nr. 2 und 3 zusammen als ein zweites Landgut.

v. g. u.
Ephraim Weise,
geschlossen.

Judex, Amtsrichter.

IV. Nachricht dem Grundstückseigenthümer.
V. Nachricht zu den Generalakten betreffend Grundbuchwesen.
VI. Es ist Abschrift der Verfügung zu II—IV zu fertigen, womit Landgüterakten zum Rollenblatt Nr. 9 Boberberg anzulegen sind.

Eintragung auf Ersuchen der Generalkommission.

Die Generalkommission in Cassel hatte ihre Commissare angewiesen, im Gebiet der Landgüterordnung für den Regierungsbezirk Cassel vom 1. Juli 1887 bei sich darbietender Gelegenheit die Eigenthümer eintragungsfähiger Besitzungen auf die Bedeutung dieses Gesetzes aufmerksam zu machen und Anträge auf Eintragung in die Landgüterrolle entgegenzunehmen. Diese Weisung hatte einen sehr günstigen Erfolg, sodaß alsbald mehrere hundert ländliche Eigenthümer, über deren Anwesen das Auseinandersetzungsverfahren schwebte, bei den Spezialcommissaren die Eintragung ihrer Besitzungen in die Rolle beantragten. Als aber demnächst die Generalkommission die Amtsgerichte ersuchte, den Anträgen zu entsprechen, lehnten diese die Eintragung ab, weil auf Grund der Landgüterordnung die Generalcommission und deren Commissarien zur Entgegennahme solcher Anträge nicht berechtigt seien. Hierdurch sah sich der Generalcommissions-Präsident zu dem von dem Oberpräsidenten der Provinz Hessen-Nassau unterstützten Ansuchen um anderweite Regelung der bezüglichen Bestimmungen veranlaßt. Dies ist und zwar nicht nur für den Regierungsbezirk Cassel, sondern auch für alle übrigen Landestheile, in welchen die Einrichtung der Höfe- oder Landgüterrolle besteht, durch das Gesetz vom 11. Juli 1891 betreffend Eintragungen in die Höferolle und Landgüterrolle auf Ersuchen der Generalcommission (Ges. S. S. 303) geschehen. Nach diesem Gesetz, welches unten S. 65 abgedruckt ist, kann bezüglich der einem Auseinandersetzungsverfahren unterliegenden Grundstücke der Eintragungsantrag auch bei der Generalcommission oder deren Commissare gestellt werden, wobei die weitere Erleichterung geschaffen ist, daß der Antrag auf andere Grundstücke des Antragstellers, welche mit seinen dem Auseinandersetzungsverfahren unterliegenden Grundstücken gemeinschaftlich bewirthschaftet werden, erstreckt werden darf (§ 1 Abs. 2 daselbst). Wenn die Generalkommission den bei ihr oder bei ihren Organen gestellten Eintragungsantrag für begründet hält, ersucht sie das Amtsgericht um Eintragung in die Rolle. Dieses hat nach § 41 Grundbuchordnung dem Ersuchen nachzukommen, wofern dasselbe den gesetzlichen Erfordernissen entspricht und aus dem Grundbuche sich Anstände nicht ergeben. Die erwähnten Bestimmungen sind besonders wichtig, da mit dem Regierungscommissar anzunehmen ist, daß diese im Interesse der Landgüterordnung auszuübende Thätigkeit der Generalcommission sich auch auf diejenigen Liegenschaften, bezüglich deren die letztere das Verfahren zum Zweck der Errichtung von Rentengütern auf Grund von § 12 des Gesetzes vom 7. Juli 1891 betreffend die Beförderung der Errichtung von Rentengütern (Ges. S. S. 279) leitet, während der Dauer desselben erstreckt.

Zeitpunkt des Eintritts der Wirkung der Eintragung.

Der Provinziallandtag wollte mit dem Moment der Antragstellung die

Wirkung eintreten lassen, als sei dem Eintragungsantrag schon stattgegeben und die Eintragung geschehen; es sollte also nicht der Zeitpunkt der wirklich geschehenen Eintragung entscheiden. Darnach würde nicht die Eintragung des Grundstücks in die Rolle, sondern der auf Eintragung gerichtete Antrag die Landgutsqualität begründen. Die Regierung und mit seiner Commission das Herrenhaus erklärten sich jedoch gegen diese Construktion, weil dadurch allerlei Zweifel entstehen könnten, die namentlich mit den Grundbuchverhältnissen zusammenhingen. Es muß darum angenommen werden, daß der Eintragungsantrag für sich keine Wirkung ausübt, sondern daß zum Antrage die Eintragung kommen muß.

5. Aufhören der Landgutseigenschaft.

Löschungs-Berechtigung und -Antrag. Form des letzteren.

Eine Besitzung bleibt solange Landgut, genießt die Vortheile eines solchen und unterliegt dessen Beschränkungen, als sie in der Landgüterrolle eingetragen steht. Die Eintragung wird durch Löschung in der Rolle wieder beseitigt. Diese erfordert wie jene einen Antrag. Antragsberechtigt ist der Grundstückseigenthümer. Dieser wird nämlich durch die Eintragung in seiner Verfügungsfreiheit über das eingetragene Grundstück nicht beschränkt. Er kann auch nach der Eintragung über das Grundstück von Todeswegen wie unter Lebenden durch Verkauf, Tausch, Schenkung und dergleichen ganz frei verfügen, daher auch jeder Zeit die Landgüterqualität durch Bewirkung der Löschung in der Rolle wieder beseitigen. Die Berechtigung zur Antragstellung ist wie die Eintragung nur davon abhängig, daß der Eigenthümer über das Grundstück letztwillig verfügen kann. (§ 5 Ges.)

Auch die Form des Löschungsantrages ist dieselbe wie beim Eintragungsantrage; der Löschungsantrag muß gerichtlich oder notariell aufgenommen oder beglaubigt sein (§ 6 Ges.). Das Löschungsverfahren erhellt aus folgendem Beispiele:

6. Beispiel: Mündlich angebrachter Löschungs-Antrag.

N...., den 26. November 1893.

Vor dem unterzeichneten Amtsrichter erschien bekannt und verfügungsfähig

Bauergutsbesitzer Jacob Schnell
aus Kleindorf

und erklärte:

In Folge meines Antrages vom 15. Juni 1885 ist, wie die Landgüterrolle von Kleindorf ergiebt, daselbst Bl.-Nr. 4 Nr. 1 mein Bauergut Grundbuchnummer 114 Kleindorf eingetragen. Ich beantrage

dasselbe in der Landgüterrolle wieder zu löschen.

v. g. u.
Jacob Schnell.
g. w. v.
Judex.

V.

I. Einzutragen in die Landgüterrolle von Kleindorf Bl.-Nr. 4, Spalte Löschungen;

zu Nr. 1: Auf Antrag des Eigenthümers Bauergutsbesitzers Jacob Schnell vom 26. November 1893 gelöscht am ....

II. Auf dem Titelblatte des Grundbuchblattes Nr. 114 Kleindorf ist der Vermerk der Rolleneintragung roth zu unterstreichen.

III. Nachricht erhält der Grundeigenthümer.

Löschung. Zum Löschungsantrage muß die Löschung hinzukommen. Wie es sich verhält, wenn der Antragsteller stirbt, bevor die Eintragung der Löschung in der Rolle ausgeführt worden ist, ist streitig. Hartmann (Westfälische L. G. O. S. 23) will die Wirkung schon mit dem Eingange des Löschungsantrages eintreten lassen, sodaß, auch wenn der Besitzer zwischen dem Zeitpunkte des Einganges des Löschungsantrages bei Gericht und dem Zeitpunkte der thatsächlich erfolgten Löschung in der Rolle stirbt, die Bestimmungen der Landgüterrolle keine Anwendung mehr finden sollen. Allein man wird der gegentheiligen Meinung, welche dahin geht, daß die Rolleneintragung Wirkung äußert bis sie durch Löschung wieder beseitigt ist, sich anschließen müssen. Um Fälle, welche zu dergleichen Zweifeln angeben können, thunlichst aus dem Wege zu gehen, wird sich empfehlen, den Landgüterrollensachen gerichtsseitig thunlichste Beschleunigung angedeihen zu lassen. Hierbei mag bemerkt werden, daß nach § 91 Ausf. Ges. zum Ger. V. Ges. vom 24. April 1878 auf diese Sachen die Gerichtsferien ohne Einfluß sind.

Ueber die Folgen einer auf Antrag eines Nichtberechtigten erfolgten Löschung sind die Ansichten gleichfalls verschieden. Meyer (S. 47) nimmt an, daß die auf Antrag eines solchen erfolgte Löschung die Anwendung der Vorschriften der Landgüterrolle ausschließt. Anderer Meinung ist Hartmann a. a. O., weil nach § 5 Ges. nur derjenige den Löschungsantrag stellen könne, welcher über das Landgut letztwillig zu verfügen berechtigt sei, weshalb nur ein auf Antrag dieser berechtigten Person gestellter Antrag rechtliche Wirkung haben könne. Wenn aber nach erfolgter unberechtigter Löschung ein Dritter das Landgut erwerbe, so greife bei seinem Tode das Erbrecht der Landgüterordnung nicht mehr Platz, da wenn zur Zeit seines Eigenthumerwerbes die Löschung erfolgt war, die Vermuthung des § 7 Ges.: er habe bezüglich seiner Vererbung die Vorschriften der Landgüterordnung Anwendung finden lassen wollen, nicht mehr Platz greifen könne. Nach Schultzenstein (Anm. 2 zu § 7) hat jede Löschung zur Folge, daß die Eintragung ihre Wirksamkeit verliert, auch die von einem Unberechtigten beantragte und zu Unrecht erfolgte. Daß es bei der Löschung anders sei als bei der Eintragung, welche unzweifelhaft Wirksamkeit nur habe, wenn sie von dem testirfähigen Eigenthümer beantragt worden, sei nicht nur kein Widerspruch, sondern durch die Verschiedenheit der Verhältnisse gerechtfertigt, weil dort die Aufhebung, hier das Gegentheil, die Errichtung einer letztwilligen Verfügung, vorliege. Erst Antrag und Eintragung zusammen seien eine letztwillige Verfügung, die Eintragung ohne Antrag enthalte keine solche. Diese Ausführungen Schultzensteins treffen augenscheinlich das Richtige.

Eine einmal in der Rolle bewirkte Löschung kann nicht ungeschehen gemacht, die Wiedereintragung kann nicht von Amtswegen vorgenommen werden, auch wenn die Löschung zu Unrecht erfolgte.

6. Fortdauer der Landgutseigenschaft trotz Besitzwechsel.

Der Antrag auf Eintragung einer Liegenschaft in die Landgüterrolle und die sich daran anschließende Eintragung gilt als letztwillige Verfügung nicht blos desjenigen Eigenthümers, welcher den Antrag gestellt hat, sondern auch eines jeden folgenden Eigenthümers. Es bestimmt nämlich § 7 Abs. 2 Ges.: „Die Eintragung ist auch für jeden nachfolgenden Eigenthümer wirksam, sofern derselbe Eigenthümer des ganzen Landgutes oder eines den Voraussetzungen des § 1 Abs. 2 entsprechenden Theiles desselben ist.“ Die Vorschrift entstammt der Hannöverschen Höfeordnung, ist von besonderer Bedeutung und bei Schaffung der Westfälischen Landgüterordnung, aus welcher sie in die Brandenburgische und Schlesische übergegangen ist, lebhaft angefochten worden. Sie enthält die Fiktion, daß jeder Besitznachfolger, indem er wußte oder wissen konnte, daß die Besitzung rolleneingetragen ist, will, daß sie eingetragen bleibt, bis er sie löschen läßt. Gleichgültig ist dabei, wie der folgende Landgutsbesitzer das Eigenthum erlangt hat, ob durch ein Geschäft von Todeswegen oder unter Lebenden und ob er thatsächlich von der Rolleneintragung Kenntniß gehabt hat oder nicht. Nach Schultzenstein (Anm. 7 zu § 7) ist die Eintragung für den nachfolgenden Eigenthümer auch dann wirksam, wenn sie an sich vollständig ungültig war.

Ist die Eintragung für jeden auch nachfolgenden Eigenthümer des Landgutes wirksam, so vermag doch auch hinwiederum Jeder sich von der Fessel derselben zu befreien, wofern er nur nach bürgerlichem Recht über das Grundstück verfügen kann. Durch die Landgüterordnung ist zwar die Möglichkeit geboten, daß eine besondere Kategorie von Grundstücken (Landgütern) geschaffen wird; allein eben diese Schaffung ist von einem Willensact des Eigenthümers dergestalt abhängig, daß durch eine gegentheilige Willensäußerung desselben oder eines seiner Besitzfolger der frühere ungebundene Zustand wieder hergestellt werden kann.

7. Beispiel (cf. 3): Beglaubigter Antrag eines nachfolgenden Eigenthümers auf Löschung eines Landgutes.

B.	
I. Einzutragen in die Landgüterrolle von Waldau Bl.-Nr. 2. Spalte Löschungen, zu Nr. 1 gelöscht auf Antrag des Eigenthümers Hans Ueberall am . . . . . II. Auf dem Titelblatte des Grundbuchblattes Nr. 24 Waldau ist der Vermerk über die Rolleneintragung roth zu unterstreichen. III. Nachricht dem Grundstückseigenthümer.	Auf Antrag der verwittweten Caroline Fleißig geb. Tüchtig und des Landwirths Paul Fleißig ist das Grundstück Grundbuchnummer 24 Waldau in die Landgüterrolle eingetragen worden und in der von Waldau Bl.-Nr. 2 Nr. 1 verzeichnet. Ich habe das Grundstück käuflich erworben und bin jetzt eingetragener Eigenthümer desselben. Ich beantrage, es in der Landgüterrolle wieder zu löschen. Waldau, den 7. September 1892. Hans Ueberall, (Beglaubigungsvermerk).

7. Theilbarkeit eines Landgutes.

Versuche eine Untheilbarkeit herbeizuführen.

Im Herrenhause wollte man eine Veräußerung vom Bestande eines Landgutes nur dann statthaft sein lassen, wenn dieselbe nach dem Urtheil einer Behörde unschädlich sei. Darnach sollte also der Eintragung in die Rolle eine weit größere Wirksamkeit gegeben werden, als ihr nach dem Gesetzentwurf zukam. Als Grund dafür wurde angegeben, daß die ganze Eintragung leicht dadurch illusorisch gemacht werden könnte, wenn es möglich sei, beliebige Stücke vom Hofe zu nehmen und daß die segensreiche Wirksamkeit der Eintragung nur dann eintreten werde, wenn man den Abverkauf und die Abschreibung von der Beibringung des Unschädlichkeits-Attestes einer dazu einzusetzenden Behörde abhängig mache. Die Mehrheit der Kommission des Herrenhauses, in welcher dies zur Sprache gebracht wurde, ging aber davon aus, daß damit ein Gedanke in das Gesetz hineingebracht würde, welcher das Grundprinzip desselben, nämlich: daß zwar jeder, der seinen Besitz in die Rolle eintragen läßt, sich für den Fall, daß er nachträglich nicht anders disponirt, gewissen Einschränkungen unterwirft, daß aber die Disposition des Hofbesitzers in keiner Weise beschränkt sein, derselbe vielmehr unter Lebenden und von Todeswegen über den Hof frei zu verfügen berechtigt bleiben solle, völlig durchbrechen würde. Auch wurde gegen die Neuerung geltend gemacht, daß diese Beschränkung der Parzellirungsfreiheit nur geeignet sei, die Grundbesitzer von der Benutzung der Landgüterrolle abzuhalten. Ein diesbezüglicher Antrag auf Einführung der Geschlossenheit der Landgüter wurde im Einverständniß der Regierung mit zehn gegen eine Stimme abgelehnt. Es kann daher wie über das ganze Grundstück so über einen Theil desselben jeder Landgutseigenthümer frei verfügen.

8. Beispiel (cf. 2.): Löschung eines Grundstückstheiles.

N . . . ., den 28. November 1887.

Vor dem unterzeichneten Amtsrichter erschien bekannt und verfügungsfähig

der Bauergutsbesitzer Chrysostomus Franke aus Walddorf

und erklärte:

Auf Antrag von Benjamin Franke ist das Restgut Band I Bl.-Nr. 17 des Grundbuches von Walddorf mit insgesammt 74,2530 ha und 1020 Mark Reinertrag in die Landgüterrolle von Walddorf Bl.-Nr. 2 Nr. 1 eingetragen worden. Benjamin Franke ist verstorben und wie sein hiermit überreichtes Testament ergiebt, von mir als Universalerben beerbt worden.

Ich überreiche einen Auszug aus der Grundsteuermutterrolle und beantrage die Flächenabschnitte K.-Bl. 5 $\frac{111}{58}$ $\frac{114}{59}$ Holz in Größe von 2,0460 ha mit 13,67 M. Reinertrag in der Landgüterrolle zu löschen, da ich die Fläche verkauft habe.

v. g. u.

Chrysostomus Franke.

g. w. v.

Judex.

V.

I. Einzuschreiben in die Landgüterrolle von Walddorf Blatt Nr. 2.

Spalte Lösungen.

zu Nr. 1. Von dem Holz sind die Flächen K.-Bl. 5 $\frac{111}{58}$ $\frac{114}{59}$ mit 2,0460 ha und 13,67 Mark Reinertrag auf Antrag des Grundstückseigenthümers Chrysostomus Franke gelöscht am . . . . .

II. Vermerke auf dem Grundbuchblatt Nr. 17 Walddorf:

Die zu diesem Grundstücke gehörige Holzparzelle K.-Bl. 5 Fl.-A. $\frac{111}{58}$ $\frac{114}{59}$ in Größe von 2,0460 ha sind in der Landgüterrolle gelöscht.

III. Nachricht dem Grundstückseigenthümer.

Bei Veräußerung eines Theiles von einem in der Rolle eingetragenen Landgute ist gleichzeitig mit der Abschreibung im Grundbuche auch die Löschung des veräußerten Theiles in der Rolle zu bewirken, wenn derselbe an sich nicht rolleneintragungsfähig ist. Genügt der veräußerte Theil den an ein Landgut zu machenden Ansprüchen, so wird die abgezweigte Parzelle nach vollzogener Abschreibung im Grundbuche in der Landgüterrolle gelöscht und auf ein besonderes Landgüterrollenblatt übertragen, wovon der Erwerber benachrichtigt wird. Dies geschieht von Amtswegen. Es in den Grundakten zu verfügen erscheint nicht angezeigt. Das Richtige wird sein, daß der Grundbuchrichter, der ja auch zugleich Rollenrichter ist — am besten kurzer Hand — von der grundbücherlichen Abschreibung zu den Landgüterakten des alten Rollenblattes Notiz nimmt. Verfahren bei Veräußerung eines Landgutstheiles.

Angenommen, es sei im Fall des obigen Beispiels Nr. 3 von dem Grundstück Nr. 24 Waldau ein Theil K.=Bl. 2 Fl.=A. $\frac{24}{6}\frac{27}{6}$ von 1,0024 ha mit 12 Mark Reinertrag veräußert worden; der Rollenrichter würde alsdann in den Landgüterakten von Nr. 2 Waldau, nachdem die grundbücherliche Abschreibung aktenkundig gemacht, folgendes zu verfügen haben: 9. Beispiel: Abschreibung einer nicht rollenfähigen Parzelle.

V.

I. Einzutragen in der Landgüterrolle von Waldau Bl. Nr. 2.

Spalte Löschungen.

zu Nr. 1.: Von nebenstehendem Grundstück ist ein Theil von 1,0024 ha (K.=Bl. 2 Fl.=A. 5 $\frac{24}{6}\frac{27}{6}$) mit 12 Mark Reinertrag in Folge Veräußerung gemäß § 8 Abs. 2 der Landgüterordnung von Amtswegen gelöscht am .....

II. Nachricht den Grundstückseigenthümern.

Einen Vermerk über diese Löschung im Grundbuche zu machen, ist nicht vorgeschrieben und nicht erforderlich.

Angenommen, es sei von einem 70 ha großen Bauergute Nr. 11 Kleindorf ein Areal von 20,3678 ha, wovon 17 ha Acker, der Ueberrest Wiesen sind, mit dem alten Wohnhause und einem Reinertrage von 240,40 Mark abverkauft, abgeschrieben und auf Blatt=Nr. 127 Band II des Grundbuches von Kleindorf übertragen, wovon der Grundbuchrichter zu den Rollenakten Nachricht gegeben hat. Der Rollenrichter würde darauf in folgender Weise zu verfahren haben: 10. Beispiel: Abschreibung einer rollenfähigen Parzelle.

V.

I. Einzutragen in der Landgüterrolle von Kleindorf Bl.=Nr. 1.

Spalte Löschungen.

Nr. 1: Von dem Bauergute Kleindorf Nr. 11 ist ein Theilstück abgeschrieben und für dasselbe ein neues Grundbuchblatt Band II Blatt=Nr. 127 Kleindorf angelegt. Dieses Theilgrundstück mit einem Reinertrage von 240 Mark ist von Amtswegen hier gelöscht und nach dem neuen Blatt Nr. 10 Nr. 1 der Landgüterrolle von Kleindorf übertragen am .....

II. Nachricht dem Grundstückseigenthümer.

III. Weitere Verfügung befindet sich bei den Landgüterakten Nr. 10 Kleindorf.

Es dient zur Verminderung des Schreibwerks und zur Erhöhung der Uebersichtlichkeit, wenn die weitere Verfügung vom Rollenrichter in den Landgüterakten des neuen Blattes erlassen wird. Die bei den Landgüterakten des neuen Rollenblattes zu erlassende Verfügung würde daher folgendermaßen zu lauten haben:

V.

I. Einzutragen in die Landgüterrolle von Kleindorf Blatt Nr. 10.
Laufende Nr. 1.
Spalte 2: Kleindorf Band II Blatt Nr. 127.
Spalte 3: Das alte Wohnhaus, Acker und Wiese mit 20,3678 ha.
Spalte 4: 240,24 Mark.
Spalte 5: Von Amtswegen nach Löschung auf Blatt Nr. 1 dieser Landgüterrolle hier eingetragen am ....

II. Notet auf dem Titelblatt des Grundbuchblattes Nr. 127 Kleindorf: Nr. 10 der Landgüterrolle von Kleindorf.

III. Nachricht dem Grundstückseigenthümer.

Ob der darnach verbleibende Rest des Landgutes noch den Voraussetzungen des § 1 Abs. 2 Ges. entspricht, ist zur Zeit gleichgültig. Darüber, ob die materiellen Folgen der Rolleneintragung eintreten, entscheidet erst eine spätere Zeit und bis dahin können die Voraussetzungen, welche dazu im Moment des Todes des Landgutsbesitzers vorhanden sein müssen, durch Grundstückserwerbungen und auf andere Weise hinzukommen.

8. Grundstückserwerbung zu einem Landgut.

Zuschreibung der Neuerwerbung in der Landgüterrolle.

Auch bei Grundstückserwerbungen zu einem Landgut ist das im Uebrigen die Landgüterordnung beherrschende Antragsprinzip verlassen. Es wird nämlich bei der Zuschreibung zu einem rolleneingetragenen Grundstück unterstellt, daß der Eigenthümer, welcher dem Hauptgut durch Eintragungen in die Rolle die Eigenschaft eines Landgutes verschafft hat, beziehungsweise welcher ein rolleneingetragenes Gut übernommen hat, das dem Hauptgrundstück zugeschriebene Trennstück gleichfalls nach den Bestimmungen der Landgüterrolle behandelt wissen will. Daher verordnet § 8 Abs. 1 Ges.: „Bei Grundstückserwerbungen zu einem in der Rolle eingetragenen Landgute ist gleichzeitig mit der Zuschreibung im Grundbuche die Zuschreibung auch in der Rolle zu bewirken, wenn der Eigenthümer seine entgegengesetzte Absicht nicht ausdrücklich erklärt.“ Das hinzuerworbene Grundstück muß natürlich auch in Schlesien belegen sein; seine Verkehrsfähigkeit versteht sich von selbst; anderen Voraussetzungen braucht das Parzellengrundstück nicht zu genügen. Schultzenstein (Anm. 2 zu 58) nimmt an, daß die rollenmäßige Zuschreibung nur dann zu geschehen hat, wenn die Neuerwerbung der Besitzung als Zubehör zugeschrieben. Nach unserer Auffassung bietet das Gesetz zu dieser Annahme keinen Anhalt.

11. Beispiel: Zuschreibung von Amtswegen.

Angenommen, die Eigenthümer des Grundstückes Nr. 24 Waldau (cf. oben 3. Beispiel) haben aus einem anderen Grundstücke eine Parzelle K.-Bl. 3 Fl.-A. 27, Wiese in Größe von 0,1748 ha und 2,27 Mk. Reinertrag erworben und zu Nr. 24 Waldau im Grundbuche zuschreiben lassen. Der Grundbuchrichter giebt von der Zuschreibung zu den Landgüterakten von Nr. 2 Waldau Nachricht, worauf der Rollenrichter verfügt:

B.

I. Einzuschreiben in die Landgüterrolle von Waldau Blatt Nr. 2.
Laufende Nr. 2.
Spalte 2: Waldau Band I, Blatt Nr. 24.
Spalte 3: Die zu Waldau Band I Blatt Nr. 24 des Grundbuches zu Folge Verfügung vom ..... zugeschriebene Wiese.
Spalte 4: 2,27 Mark.
Spalte 5: zugeschrieben von Amtswegen am ......
II. Nachricht dem Grundstückseigenthümer.

Die Zuschreibung des Grundstückszuwachses auf dem Rollenblatt der Hauptbesitzung erfolgt nur dann nicht, wenn der Landgutsbesitzer seine entgegengesetzte Absicht ausdrücklich erklärt hat (§ 8 Abs. 1 Ges.). Diese Absicht muß so zeitig zum Ausdruck und zur Kenntniß des Rollenrichters kommen, daß der letztere von der Zuschreibung in der Rolle noch absehen kann, also vor der Bewirkung der Unterschrift in dem Zuschreibungsvermerk. Eine besondere Form ist nicht vorgeschrieben und es genügt jede den Willen deutlich ausdrückende mündliche oder schriftliche Erklärung. Dieselbe kann durch Vertreter, Bevollmächtigte, Vormünder abgegeben werden; bei Erklärungen von Frauen und sonst hilfsbedürftigen Personen muß die ergänzende Genehmigung der Ehemänner u. s. w. hinzutreten. Zweckmäßiger Weise wird die Willenäußerung bei der Entgegennahme der Auflassung des Trennstückes abgegeben. Der Rollenrichter wird darüber ein Protokoll aufzunehmen haben; die Erklärung kann auch schriftlich eingereicht werden, in welchem Falle die privatschriftliche Form genügt. Dieselbe würde folgendermaßen zu lauten haben (cf. oben Beispiel Nr. 5): Nichtzuschreibung des Trennstückes in der Landgüterrolle.

Zu meinem Großbauergut Nr. 210 Boberberg soll von dem Bauer Reinhard Scholz'schen Bauergute Nr. 219 Boberberg auf Grund der Auflassung von heute ein Trennstück von 0,0946 ha (K.-Bl. 2 Fl.-N. $\frac{128}{22}$ $\frac{129}{22}$) Acker im Grundbuche zugeschrieben werden. Mein Bauergut Nr. 110 Boberberg ist in der Landgüterrolle von Boberberg Blatt-Nr. 8 Nr. 1 und Blatt-Nr. 9 Nr. 1 verzeichnet. Ich beantrage, 12. Beispiel: Erklärung über die nicht gewünschte Zuschreibung einer Parzelle.

das Trennstück in der Landgüterrolle nicht zuzuschreiben.

Boberberg den 17. Mai 1893.

Ephraim Weise.

Da Seitens des Rollenrichters hierauf nichts zu veranlassen ist, verfügt derselbe lediglich: Zu den Akten.

Hätte Ephraim Weise seinen Willen das zu Grundbuchnummer Nr. 210 Boberberg erworbene Trennstück nicht in die Landgüterrolle aufgenommen zu wissen, nicht erklärt, so würde der Rollenrichter voraussichtlich in Verlegenheit sein, welchem der beiden dem Ephraim Weise gehörigen, den Bestand der Grundbuchnummer 210 Boberberg darstellenden Landgüter er das

Trennstück zuschreiben soll. Das Gesetz läßt im Stiche. Dasselbe spricht (§ 8 Abs. 1) von Grundstückserwerbungen zu einem in der Landgüterrolle eingetragenen Landgut; es meint wohl damit „zu einer in der Landgüterrolle eingetragenen Besitzung". Auf welchem Blatt soll aber die Zuschreibung vermerkt werden, wenn die Besitzung in mehrere Landgüter zerfällt, also mehrere Rollenblätter hat? Man wird sich nicht anders helfen können, als daß man den Grundstückseigenthümer um seine Willensmeinung befragt.

V. Fälle, in welchen die Eintragung in die Landgüterrolle wirkungslos bleibt.

1. Höherer Nutzungswerth als Reinertrag.

Die materiellen Folgen der Rolleneintragung einer Besitzung, welche auf dem Gebiet des Erbrechts liegen, daher nach dem Tode des Grundstückseigenthümers sich geltend machen, treten nicht ein, wenn zur Zeit des Todes desselben die Gebäude der Besitzung mit einem den Grundsteuerreinertrag derselben übersteigenden Nutzungswerth zur Gebäudesteuer angesetzt sind (§ 18 Nr. 1 Ges.). Bei solchen Grundstücken tritt nämlich die land- und forstwirthschaftliche Benutzung hinter ihrer anderweiten Bestimmung zurück, weshalb das Gesetz denselben keine besondere Fürsorge widmen und auf ihre ungetheilte Erhaltung in der Familie keinen Bedacht nehmen will. Wenn ein Grundstück zur Zeit seiner Eintragung in die Rolle zu einem höheren Nutzungswerthe als Reinertrage veranlagt ist, so hindert dies die Eintragung nicht, weshalb des Nutzungswerthes auch im Eintragungsantrage keine Erwähnung zu geschehen braucht. Das Gesetz will aber auch solchen Grundstücken durch Eintragung in die Rolle die Möglichkeit, der Vortheile der Landgüterordnung theilhaftig zu werden, verschaffen für den Fall, daß sich der Nutzungswerth bis zum Eintritt des Todesfalles, bei welchem die Landgüterordnungs-Bestimmungen practisch werden, vermindert.

2. Tod eines Landgutsmiteigenthümers.

Die Landgüterrollen-Eintragung äußert auch dann keine Wirkung, wenn der Landgutseigenthümer bei seinem Tode nicht alleiniger Eigenthümer des Landgutes war (§ 18 Nr. 2 Ges.). Miteigenthümer können wohl die Eintragung und Löschung der in ihrem Miteigenthum befindlichen Besitzung bewirken, allein, wenn sich der Fall ereignet, daß von mehreren Eigenthümern der eine stirbt, so treten die Wirkungen, welche die Eintragung auf die Nachfolge im Besitz des Grundstückes übt, nicht ein. Diese Bestimmung ist getroffen, weil sich sonst unabsehbare Schwierigkeiten und Verwickelungen ergeben würden. Die vom Provinziallandtage zu Gunsten der Eheleute beabsichtigte Ausnahme hat auf Grund der von dem Oberlandesgericht dagegen geltend gemachten Bedenken gestrichen werden müssen.

3. Nachträglich eingetretene Eintragungsunfähigkeit.

Schließlich greifen die materiellen Folgen der Eintragung dann nicht Platz, wenn das Landgut beim Tode des Eigenthümers in Folge von Veränderungen, welche nach der Eintragung des Landgutes in die Rolle eingetreten sind, nach § 1 Abs. 2 Ges. nicht eintragungsfähig gewesen wäre (§ 18 Nr. 3 Ges.). Es sind dies dieselben Voraussetzungen, deren Fehlen zur Zeit der Eintragung nach § 4 Abs. 2 Ges. eine Anfechtung nicht begründet, nämlich das Vorhandensein eines Wohnhauses, die Bestimmung zur Land- und Forstwirthschaft und ein Reinertrag von mindestens 60 Mark. Der Mangel eines Wohnhauses zur Zeit des Todes des Eigenthümers kommt jedoch nicht in Betracht, wenn dieser Zustand alsdann noch nicht zwei volle Jahre gewährt hat. Diese Sonderbestimmung beruht auf Gründen der Billigkeit und der Annahme, daß der Eigenthümer, dessen Wohnhaus erst kürzere Zeit als zwei Jahre fehlt, zur Wiedererrichtung möglicher Weise noch nicht die nöthige Zeit und erforderlichen Mittel gehabt haben wird. Es soll ihm dazu ein angemessener Zeitraum gewährt werden.

Bezüglich der erwähnten drei Requisite gilt im Uebrigen Folgendes: Ihr Fehlen zur Zeit der Eintragung ist nach einmal geschehener Eintragung kein Anfechtungsgrund (§ 4 Abs. 2); ihr Fortfall nach der Eintragung berechtigt zur Anfechtung, wie aus derselben Gesetzesvorschrift folgt; ihr Fehlen im kritischen Moment, d. h. zur Zeit des Todes des Landgutsbesitzers, hebt die Folgen der Eintragung für diesen Fall auf — vorausgesetzt, daß die Voraussetzungen beziehungsweise eine derselben erst nach der Eintragung in Fortfall gekommen sind. Das Gesetz begünstigt aber die Eintragung in die Landgüterrolle auf jede nur mögliche Weise und läßt jene nicht anfechten, wenn sich auch später herausstellt, daß zur Zeit der Eintragung die gesetzlichen Eintragungserfordernisse nicht vorhanden waren. Es will trotz dieses Mangels dem Gute und somit der Familie des Eigenthümers bei einem Todesfalle desselben die Vortheile der Landgüterordnung zuwenden. Wenn eine Besitzung einmal in die Landgüterordnung eingetragen ist, so soll sie es auch bleiben und als Landgut behandelt werden, mag die Eintragung auch zu Unrecht geschehen sein; mochte sie von Anfang an rolleneintragungsunfähig sein und es bis zum Tode ihres Eigenthümers geblieben sein, so sollen gleichwohl die Bestimmungen der Landgüterordnung Platz greifen und die materiellen Folgen der Rolleneintragung eintreten. Die Begünstigung der Eintragung hat aber ihre Grenze; die letztere ist dahin gesteckt, daß jede n a c h der Eintragung mit dem Grundstück vorgegangene Veränderung, welche einen Hauptmangel des § 1 Abs. 2 mit sich gebracht hat, zu berücksichtigen ist, dergestalt, daß sie das Eintreten der Folgen der Rolleneintragung ausschließt. Das Gesetz knüpft den Nichteintritt dieser Folgen an eine Veränderung der Liegenschaft, welche einen Hauptmangel h e r v o r g e r u f e n hat, schweigt aber von den nach der Eintragung entstandenen Veränderungen, welche einen zur Zeit der Eintragung schon vorhandenen Hauptmangel nur v e r g r ö ß e r t haben, die also die Besitzung so zu sagen noch eintragungsunfähiger gemacht haben. Veränderungen der letzten Art beeinträchtigen, wie anzunehmen ist, die materielle Wirkung der Eintragung nicht und sind daher nicht zu berücksichtigen.

VI. Die materiellen Folgen der Eintragung in die Landgüterrolle.

1. Anerbenrecht.

Im Allgemeinen.

Die Wirkung der Rolleneintragung besteht darin, daß für die eingetragene Besitzung beim Vorhandensein mehrerer Erben des verstorbenen Eigenthümers eine bestimmte Vererbung des Landgutes eintritt, wofern jener diese nicht besonders anderweit geregelt hat. Der Landgutsbesitzer behält, wie wiederholt hervorgehoben zu werden verdient, trotz der Rolleneintragung und ihrer Wirkung die volle Verfügungsfähigkeit über die eingetragene Besitzung auch von Todeswegen. Die Landgüterordnung begünstigt sogar die Errichtung letztwilliger Verfügungen außerordentlich und ein Hauptvorzug der Rolleneintragung besteht darin, daß der Landgutseigenthümer in privilegirter Form über seinen Besitz disponiren kann. Es entspricht durchaus dem Sinne des Gesetzes, wenn von diesen privilegirten letztwilligen Verfügungen recht häufig Gebrauch gemacht wird. Der wahre Nutzen desselben wird erst dann hervortreten, wenn der Landgutsbesitzer im geeigneten Falle die durch die Eintragung allgemein gegebene Erbfolgeordnung in das Gut durch eine letztwillige Verfügung durchbricht und den concreten Verhältnissen Rechnung trägt. Die Bestimmungen des Gesetzes über die Berechnung der Abfindungen insbesondere, sie mögen noch so sorgfältig gemacht sein, werden doch in den seltensten Fällen gerade ganz passen.

Liegt eine letztwillige Verfügung des Eigenthümers des Landgutes nicht vor, so vererbt sich dieses nach den Regeln der Landgüterordnung. Die letztere hat indessen kein besonderes Erbrecht eingeführt, nur die Vertheilung des Nachlasses wird dem durch den Antrag auf Rolleneintragung erklärten Willen des Landgutsbesitzers gemäß geordnet; sie giebt nur eine Theilungsanordnung ab, so daß, wenn der letztere nur von einer Person beerbt wird, eine materielle Folge der Rolleneintragung nicht eintreten kann. Wird derselbe aber von mehreren Personen beerbt, und dies ist schon der Fall, wenn neben dem überlebenden Ehegatten auch nur ein Nachkommen oder Geschwister vorhanden ist, ist die gesetzliche Wirkung der Eintragung die, daß einer der Erben auf Grund der in der Eintragung liegenden Theilungsanordnung berechtigt ist, das Landgut unter Abfindung der übrigen Erben zu übernehmen. Das Recht des Gutsübernehmers wird Anerbenrecht genannt; obwohl dies kein eigentliches Erbrecht ist, so spricht man doch von einer Berufung zum Anerbenrecht. Voraussetzung des Eintritts des Anerbenrechts ist, daß der Eigenthümer einer Besitzung gestorben ist, welche zur Zeit seines Todes in der Landgüterrolle eingetragen war und daß jener mehrere Erben nachgelassen hat.

Anerbenrecht im Besonderen.

Das Anerbenrecht ist kein Vermächtnißrecht; allein in denjenigen Beziehungen, in welchen es in der Landgüterordnung an besonderen Bestimmungen fehlt, finden die die Vermächtnisse betreffenden Vorschriften des Allgemeinen Landrechts entsprechende Anwendung. Der Anerbe erwirbt sein Recht ohne sein Wissen und ohne seinen Willen mit dem Tode des Erblassers. Er kann — was bei Kindern bis 7 Jahren durch den Vater,

Vormund bezw. Pfleger, bei Minderjährigen ebenso oder vor diesen unter Genehmigung vom Vater, Vormund, Pfleger und in allen diesen Fällen unter vormundschaftsgerichtlicher Genehmigung, bei großjährigen Hauskindern aber unter Hinzutritt der Genehmigung des Vaters, bei Frauen unter Genehmigung der Ehemänner geschieht — dasselbe ablehnen, ohne dadurch zugleich der Erbschaft entsagen zu müssen. Andrerseits hat die Entsagung der Erbschaft zugleich den Verlust des Anerbenrechts im Gefolge. Der Anerbe erlangt vermöge seines Anerbenrechts ein persönliches Recht gegen seine Miterben auf Ueberlassung des Gutes. Stirbt er, bevor er sich über Annahme oder Ausschlagung des Anerbenrechts erklärt hat, so treten seine Erben, selbst wenn der erste Erblasser einen Ersatzanerben rechtsgültig ernannt haben sollte, an seine Stelle. Dieselben sind gleich ihrem Erblasser zum Ausschlagen berechtigt. Wofern sie dies nicht thun, können sie die Ueberlassung des Landgutes an den Nachlaß ihres — des zweiten — Erblassers verlangen. Unter den mehreren Erben des zweiten Erblassers richtet sich das Recht auf Uebernahme des Gutes wieder nach den gesetzlichen Bestimmungen der Landgüterordnung.

Das Anerbenrecht erstreckt sich Mangels besonderer Anordnungen des Erblassers auf das Landgut nebst Zubehör. Der Umfang des letzteren bestimmt sich, wenn derselbe von dem verstorbenen Landgutsbesitzer nicht besonders angegeben ist, nach den gesetzlichen Bestimmungen (§§ 48 ff. I. 2. A.L.R.).

Practisch tritt das Anerbenrecht im Erbtheilungsplane in die Erscheinung: Hier wird die Landgutsqualität durch Einsichtnahme der Landgüterrolle, das Vorhandensein mehrerer Erben durch das Erbeslegitimationsverfahren festgestellt und damit constatirt, daß die Vorbedingungen zum Eintritt des Anerbenrechts erfüllt sind; sodann ist über die Berufung zum Anerbenrecht zu verhandeln und festzustellen, ob der Berufene die Berufung annimmt, sowie welche Gegenstände das Anerbenrecht ergreift. Der vom Anerben einzuwerfende Werth wird bei Feststellung der Activmasse behandelt. Dem Anerben müssen die vom Anerbenrecht erfaßten unbeweglichen Sachen Seitens der Miterben aufgelassen, die beweglichen übergeben werden. Dies stellt sich als die Ausführung des Theilungsplanes dar, in welchem und zwar bei der Verhandlung über die Art der Theilung nur über die Uebereignung dieser Gegenstände Bestimmung zu treffen ist. Streitpunkte über den Eintritt des Anerbenrechts, die Person des Anerben rc. sind wie bei jeder anderen Erbregulirung zum Prozeßwege zu verweisen.

Das Anerbenrecht an sich nöthigt übrigens keineswegs zur gerichtlichen Vornahme der Erbregulirung; die Interessenten können sich, auch wenn dasselbe in Frage kommt, wie bei jeder anderen Erbauseinandersetzung außergerichtlich einigen.

Die Anerbenfolgeordnung ist durch das Gesetz besonders geregelt; dieselbe weicht von der in Westfalen geltenden ab, stimmt dagegen mit der in Brandenburg vorhandenen überein. Bei Bestimmung der Reihenfolge der zum Anerbenrecht zu berufenden Personenklassen und Personen war für den Gesetzgeber die Erwägung maßgebend, daß der Zweck der ganzen Neuordnung die Erhaltung eines leistungsfähigen kräftigen Grundbesitzerstandes ist. Dem Streben nach Erreichung dieses Zieles ist es zuzuschreiben, daß die Anerbenfolge mit der gesetzlichen (landrechtlichen) Erbfolgeordnung nicht

Anerbenfolgeordnung im Allgemeinen.

durchaus übereinstimmt, denn nach dieser sind zum Erbrecht berufen 1. die Descendenten, 2. die Eltern des Erblassers, 3. die vollbürtigen Geschwister und deren Abkömmlinge, 4. die weiteren Ascendenten, halbbürtigen Geschwister und deren Descendenten, 5. die Seitenverwandten bis zum sechsten Grade, 6. der Ehegatte allein, wobei zu bemerken ist, daß in den ersten fünf Klassen der überlebende Ehegatte jedes Mal concurrirt. Bei der Berufung zum Anerbenrecht ist zwar auch auf die Nähe des Verwandschaftsgrades Rücksicht genommen, aber es waren nicht zu berücksichtigen diejenigen Personen, welche wie die Eltern und weiteren Ascendenten wegen voraussichtlich vorgeschrittenen Alters nicht die Garantie längeren und selbstthätigen fruchtbringenden Besitzes bieten, sowie diejenigen, bei welchen wegen entfernterem Verwandschaftsgrade ein irgendwie reges Interesse für die Familie und den Familienbesitz nicht zu gewärtigen ist, schließlich der Ehegatte.

Der Ehegatte. In das Recht des überlebenden Ehegatten hat die Landgüterordnung nicht eingreifen wollen; sie behält daher in § 10 Abs. 3 demselben die Befugnisse, welche ihm nach §§ 570, 571 Th. II Tit. 1 A.L.R. zustehen, vor. Nach § 570 hat, wenn die Frau Grundstücke oder Gerechtigkeiten in die Ehe eingebracht hat, der überlebende Ehegatte die Wahl, ob er dieselben zur Verlassenschaft zurückgeben oder dafür den Werth bezahlen wolle. Ist das Grundstück dem Manne nach einem gewissen Anschlage eingebracht worden, so muß der Mann, wenn er solches behalten will, den angeschlagenen Werth vergüten. (§ 571.) Stirbt der Mann zuerst und ist das Grundstück nach einem Anschlage eingebracht worden, so steht es in der Wahl der Frau, ob sie das Grundstück zurücknehmen oder den angeschlagenen Werth aus dem Nachlasse des Mannes fordern wolle (§ 581 daselbst). Hat der verstorbene Mann das Grundstück zu keinem angeschlagenen Werthe übernommen, so muß die Frau mit der Zurücknahme desselben sich begnügen. Hierbei ist zu bemerken, daß der in § 570 erwähnte Werth nicht nach Maßgabe der Landgüterordnung ermittelt wird. Diese dotalrechtlichen Bestimmungen sind durch die Landgüterordnung nicht berührt worden und kommen in Schlesien auch weiter zur Anwendung, denn hier gilt seit dem Gesetz vom 11. Juli 1845 (G.=S. S. 471) das getrennte Güterrecht des Landrechts; ausgenommen sind nur die zum Kreise Grünberg gehörigen Ortschaften: Stadt Rothenburg a. O. und die Dörfer Polnisch=Nettkow und Dretmow, welche früher dem Kreise Krossen, also der Neumark, angehörten. In diesen Orten gilt das Märkische Provinzialrecht. Hier und bei solchen Ehegatten, welche vor dem 1. Januar 1846 die Ehe geschlossen haben und deshalb zu wählen berechtigt sind, ob sie nach dem früheren Rechte oder nach den Vorschriften des allgemeinen Landrechts erben wollen, würde also das Einwerfen eines Landgutes zur Erbmasse vorkommen können. Für diesen Fall hatte die Landgüterordnung für Brandenburg vom 10. Juli 1883 in § 10 Abs. 2 die Bestimmung getroffen, daß das Anerbenrecht in der gewöhnlichen Weise Platz greift; der überlebende Ehegatte sollte jedoch berechtigt sein, an Stelle des Landgutes den Werth desselben einzuwerfen. Das Oberlandesgericht in Breslau hielt es nicht für erforderlich, für diese seltenen und vereinzelten Fälle besondere Bestimmungen zu treffen. Es hat daher eine ähnliche Vorschrift in die Schlesische Landgüterordnung nicht Aufnahme gefunden. Nach alle dem gilt für den weitaus größten Theil Schlesiens, daß das nach den landrechtlichen Bestimmungen sich richtende Recht des überlebenden Ehegatten auf Uebernahme der von der Frau eingebrachten Güter dem Anerbenrechte vorgeht, weshalb, wenn derselbe in Ausübung seines Wahlrechts das Gut übernimmt, das Anerbenrecht in diesem Falle — weil gegenstandslos — nicht eintreten kann.

Zum Anerbenrecht sind nur die Nachkommen und Geschwister des Erblassers berufen. (§ 10 Abs. 2 Ges.). Da in Bezug auf ein Landgut nur eine Person Anerbe sein kann, so ist die Reihenfolge der an sich zum Anerbenrecht Berufenen vom Gesetz genau bestimmt. An erster Stelle stehen die Nachkommen des Erblassers; unter diesen sind indessen in Bezug auf den männlichen Erblasser dessen uneheliche Kinder ausgeschlossen, mögen sie auch nachträglich durch Rescript legitimirt worden sein. Uneheliche Kinder bleiben als Anerben ihres natürlichen Vaters außer Betracht, wenn sie mit ehelichen Kindern desselben concurriren; sie kommen aber auch nicht in Frage, wenn der Erblasser eheliche Kinder überhaupt nicht hinterläßt und zwar deshalb, weil die Eintragung in die Landgüterrolle zusammen mit dem darauf gerichteten Antrage als eine letztwillige Verfügung gilt und nach dem allgemeinen Landrecht ein uneheliches Kind dann kein Erbrecht gegenüber seinem Erzeuger hat, wenn dieser eine letztwillige Verfügung hinterläßt; gehört aber das uneheliche Kind nicht zu den Erben des Landgutsbesitzers, so kann es auch nicht Anerbe sein. Das uneheliche Kind bleibt auch von dem Anerbenrecht ausgeschlossen, wenngleich die concurrirenden Miterben das Anerbenrecht ausgeschlagen haben. Nach dem weiblichen Landgutsbesitzer sind die unehelichen Kinder desselben an und für sich zum Anerbenrecht berufen; allein die ehelichen Kinder gehen vor. Die durch nachfolgende Ehe legitimirten Kinder sind den ehelichen in jeder Beziehung gleichgestellt. Im übrigen gehen die leiblichen Kinder den andern vor. Nachkommen.

Unter den zum Anerbenrechte berufenen Nachkommen gehen nach § 11 Abs. 3 Ges. vor der ältere Sohn und dessen Nachkommen männlichen Geschlechts, in Ermangelung von Söhnen und männlichen Nachkommen derselben die ältere Tochter des älteren Sohnes und deren Nachkommen, falls aber Nachkommen von Söhnen nicht vorhanden sind, die ältere Tochter des Erblassers und deren Nachkommen. Die Reihenfolge beruht auf einer Bevorzugung des Mannsstammes und des höheren Alters. Darnach enthält man folgendes Bild, in welchem die Kreise Männer, die Vierecke Frauen bedeuten, der Erblasser mit einem Kreuz, die verstorbenen Nachkommen mit einem Strich bezeichnet sind: Reihenfolge der Nachkommen.

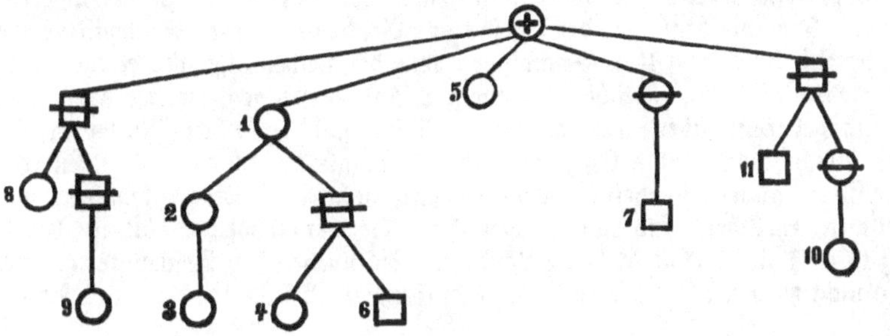

Wenn mehrere zu gleichem Recht berufene Anerben, z. B. Zwillingsbrüder, — was aber bei den unter der Herrschaft des Personenstandsgesetzes vom 6. Februar 1875 beurkundeten Geburten mit Rücksicht auf die Bestimmung des § 22 Abs. 2, wonach bei Zwillings- und Mehrgeburten bei der Eintragung in das Geburtsregister die Zeitfolge der Geburten ersichtlich zu machen ist, kaum vorkommen dürfte, — vorhanden sind, so wird über die Rechte der Erstgeburt nach § 16 Theil I Tit. 1 allgemeinen Landrechts das Loos zu entscheiden haben.

Die Eltern des Landgutsbesitzers.

Nach dem landrechtlichen Intestaterbrecht kommen Mangels der Nachkommen des Erblassers dessen Eltern an die Reihe. Wird der Landgutsbesitzer von seinen Eltern beerbt, so liegt zwar der Fall des § 10 Abs. 1 Ges. insofern vor, als mehrere Erben nach dem Genannten vorhanden sind; allein es ist keiner derselben zum Anerbenrecht berufen, weil dies nur für Nachkommen und Geschwister gilt. In diesem Falle tritt daher das Anerbenrecht nicht ein, die Eintragung in die Landgüterrolle äußert keine Wirkung. Wird der Landgutsbesitzer nur von einem Elterntheile beerbt, so liegt nicht einmal der Fall der mehreren Erben vor, und von dem Eintritt des Anerbenrechts kann erst recht keine Rede sein.

Vollbürtige Geschwister.

Das Anerbenrecht macht sich dagegen geltend, wenn die dritte landrechtliche Intestaterbenklasse an die Reihe kommt. Dem Wunsche des Landeshauptmannes von Schlesien entsprechend billigte die Regierungsvorlage den Geschwistern gleichfalls ein Anerbenrecht zu. Im Herrenhause wollte man mit Anschluß an die Höfeordnungen für Hannover, Lauenburg und Brandenburg die Geschwister ausschließen; es wurde darauf hingewiesen, daß ein Anerbenrecht der Geschwister nur in Westfalen bestehe und hervorgehoben, daß der Gedankengang des Gesetzes sei: es solle, wenn Jemand keine andere Verfügung getroffen habe, bei seinem Tode dasjenige eintreten, was man präsumtiv als seinen Willen annehmen könne. Nun sei allerdings nach den Erfahrungen, die man namentlich mit den bäuerlichen Grundbesitzern gemacht habe, als der präsumtive Wille eines Landgutsbesitzers anzunehmen, daß eins seiner Kinder unter solchen Bedingungen, daß die Familie erhalten werden könne, den Hof übernehme; dagegen könne man nicht soweit gehen, eine solche Präsumtion auch betreffs der Geschwister aufzustellen; es sei, weil das Gesetz die Präsumtion gewissermaßen gesetzlich fixiren wolle, nicht gerechtfertigt, das gesetzliche Anerbenrecht auf die Geschwister auszudehnen. Indessen die Regierungsvorlage ist mit großer Mehrheit angenommen worden, so daß in Schlesien Mangels Nachkommen des Landgutsbesitzers dessen Geschwister zum Anerbenrecht berufen sind. Vorausgesetzt wird auch hier, daß jener von mehreren Personen beerbt wird. Die Reihenfolge der mehreren Geschwister und Geschwisterkinder richtet sich nach denselben Grundsätzen wie die Reihenfolge der Nachkommen. Es stehen also die ehelichen Geschwister und diejenigen, welche zwar nicht ehelich geboren, aber von demselben Vater und derselben Mutter erzeugt und durch nachfolgende Ehe legitimirt sind, gleich. Neben ehelichen Geschwistern können uneheliche schon deshalb nicht in Betracht kommen, weil zwischen ehelichen und unehelichen kein Verwandtschaftsverhältniß besteht (§§ 660 II 2, 8 II 3 Allgem. Landr.). Die unehelichen Geschwister gehören also nicht zu den Miterben nach den ehelichen. Uneheliche Kinder eines Vaters gelten, mögen sie dieselbe Mutter oder verschiedene Mütter haben, als Halbgeschwister (§§ 5, 6, II 3 Allg. Landrecht). Uneheliche Kinder derselben Mutter werden, wenn sie auch einen gemeinsamen Vater haben, dennoch nur als Halbgeschwister angesehen. Leibliche und Adoptivgeschwister können in Bezug auf das Anerbenrecht neben einander nicht in Frage kommen, da die angenommenen Kinder nicht als Geschwister der etwa noch zur Existenz kommenden leiblichen Kinder des Annehmenden gelten (§ 709 II 2 A.L.R.) — es läge denn ein diesbezüglicher Erbvertrag vor. Hiernach ist zur entsprechenden Anwendung von § 11 Abs. 2 abgesehen von dessen Schlußsatz bezüglich der Geschwister kein Raum; es handelt sich ja hier nur um vollbürtige Geschwister, d. h. um Personen, welche von einerlei Vater und Mutter in rechtmäßiger Ehe erzeugt oder geboren respektive durch solche Ehe legitimirt sind. Hingegen ist der die Reihenfolge bestimmende § 11 Abs. 3 analog anzuwenden. Es geht also vor der ältere Bruder und dessen Nachkommen männlichen Geschlechts, in Ermangelung von Brüdern und männlichen Nachkommen derselben die ältere Tochter des älteren Bruders und deren Nachkommen, falls aber Nachkommen von Brüdern nicht vorhanden sind, die ältere Schwester des Erblassers und deren Nachkommen. Darnach ergiebt sich folgendes Bild, in welchem der Erblasser durch ein Kreuz gekennzeichnet ist:

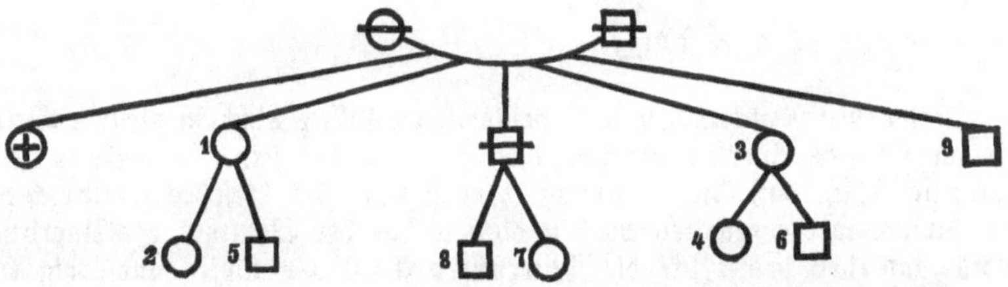

Halbbürtige Geschwister.

Die Landgüterordnung beruft die Geschwister schlechthin zum Anerbenrecht, sodaß also auch die Halbgeschwister als Anerben in Betracht kommen können. Der Entwurf des Provinziallandtages enthielt eine besondere Bestimmung dahin, daß die vollbürtigen Geschwister den halbbürtigen vorgehen sollten. Die Regierungsvorlage erwähnte aber die letzteren nicht, weil angenommen wurde, daß eine solche Bestimmung überflüssig sei, da schon nach § 35 II 3 A.L.R. die vollbürtigen Geschwister die halbbürtigen ausschließen. Nach § 43 daselbst ist zwischen Halbgeschwistern von väterlicher und mütterlicher in der Regel kein Unterschied. Die Reihenfolge richtet sich nach den Bestimmungen von § 11 Abs. 2 und 3 Ges., soweit diese Grundsätze bei Halbgeschwistern überhaupt Anwendung finden können. Die Landgüterordnung giebt keinen Anhalt dafür, daß diejenigen, welche mit dem verstorbenen Landgutsbesitzer denselben Familiennamen haben, also die Halbgeschwister von Vatersseite den Vorrang genießen sollen; es muß vielmehr die Rücksicht auf das höhere Alter den Ausschlag geben, sodaß sich nicht folgendes Bild ergiebt:

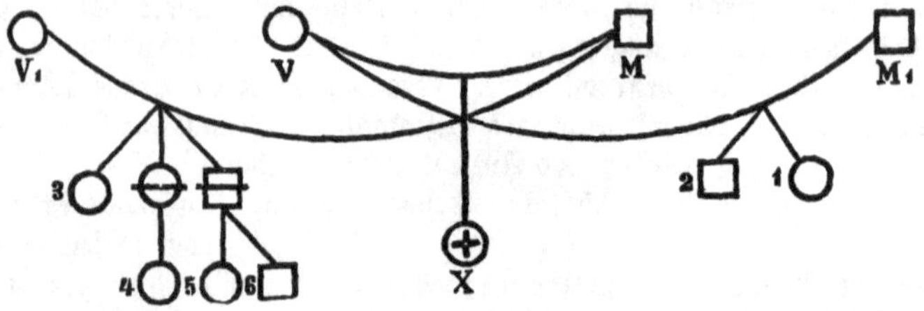

wobei X den verstorbenen Landgutsbesitzer, V und M seine leiblichen, V_1 und M_1 seine Stiefeltern bezeichnet. Die Anerbenfolge gestaltet sich vielmehr folgendermaßen:

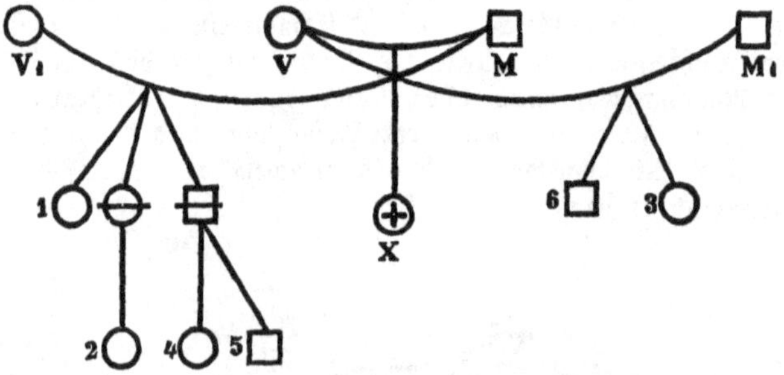

Entmündigte und mit Zuchthaus Bestrafte.

Unter den Nachkommen und Geschwistern sollen nicht in gleicher Weise wie die übrigen Anerbberechtigten diejenigen berufen sein, bei welchen jede Garantie fehlt, daß die Besitzung dem Zwecke des Gesetzes entsprechend der Familie werde erhalten bleiben oder welche der Wohlthat des Anerbenrechts und der damit für die Miterben verbundenen Opfer unwürdig erscheinen. Das Gesetz bestimmt daher in § 11 Abs. 4: „Kinder, welche zur Zeit der Erbtheilung wegen Geisteskrankheit oder Verschwendung entmündigt sind, sowie Kinder, welche eine Verurtheilung zu Zuchthausstrafe und zugleich zum Verluste der bürgerlichen Ehrenrechte erlitten haben, stehen den Miterben nach", wobei zu bemerken ist, daß der Ausdruck „Kinder" augenscheinlich Kinder aller Grade bedeutet, sodaß auch ein miterbendes mit einem der Defekte behaftetes Enkelkind nachsteht.

Nicht die thatsächliche Geisteskrankheit und Verschwendung bewirkt die Zurücksetzung, sondern es muß dieserhalb eine Entmündigung ausgesprochen worden sein. Ein Geisteskranker gilt als entmündigt, wenn der die Entmündigung aussprechende amtsgerichtliche Beschluß dem Vormundschaftsgericht zugestellt worden ist. Bei der Entmündigung wegen Verschwendung ist der maßgebende Zeitpunkt die Zustellung des die Entmündigung aussprechenden Beschlusses an den Verschwender. Geisteskranke und Verschwender müssen entmündigt *sein*. Bei den unter Verlust der bürgerlichen Ehrenrechte zu Zuchthausstrafe Verurtheilten ist das Entscheidende, daß sie die Strafe erlitten haben; ob sie die bürgerlichen Ehrenrechte wieder erlangt, die Strafe verbüßt oder erlassen erhalten haben, ist gleichgültig. Sie müssen die Strafe **rechtskräftig** erlitten haben, denn so lange nicht feststeht, ob der verurtheilende Spruch angefochten werden wird, ist die Strafe eben noch nicht erlitten. Eine rechtskräftige Verurtheilung bewirkt aber auch definitiv die Zurücksetzung, an welcher selbst die im Wiederaufnahmeverfahren erfolgende Aufhebung der Verurtheilung nichts ändert. (So auch Schultzenstein Anm. 15 zu § 11, Meyer S. 53, anderer Meinung Hartmann S. 30.)

Die Westfälische Landgüterordnung nimmt Rücksicht auf die Zeit des Erbanfalles, während nach der mit der Brandenburgischen übereinstimmenden Landgüterordnung für Schlesien der Zeitpunkt der Erbtheilung entscheidend ist. Diese Zeitbestimmung ist ziemlich ungenau. Thatsächlich tritt der Zeitpunkt der Erbtheilung ein, wenn die unter den Erben bestehende Gemeinschaft durch Theilung (Uebereignung, Auflassung, Cession 2c.) der zum Nachlasse gehörigen Grundstücke, Sachen, Forderungen 2c. aufgehoben wird; es ist aber auch der Zeitpunkt, wo die Miterben über die Art der Theilung und deren Ausführung definitiv einig geworden sind, und, wenn Schriftlichkeit dazu gehört, wo sie den Theilungsplan genehmigt und vollzogen haben. Keiner dieser Momente kann im Sinne vom § 11 Abs. 4 als der entscheidende gelten; maßgebend kann vielmehr nur der Zeitpunkt sein, wo bezüglich der Berufung zum Anerbenrecht eine Einigung über die Person des dazu Berechtigten unter den Interessenten zu Stande gekommen ist.

Die Entmündigten und mit entehrender Zuchthausstrafe Belegten sind von dem Anerbenrecht nicht ausgeschlossen, sondern sie stehen nur den andern gleich anerbberechtigten Miterben nach. Liegt bei allen Personen einer Kategorie einer der erwähnten Hinderungsgründe vor, so treten die an sich hinter jenen zurückstehenden Anerben ein, so daß, wenn dies bei allen leiblichen Kindern der Fall wäre, die Adoptivkinder an die Reihe kämen. Wären aber die sämmtlichen in Frage kommenden Personen einer Erbklasse etwa die Nachkommen entweder entmündigt oder mit entehrender Zuchthausstrafe belegt, so würden nunmehr die wegen ihrer Defecte zurückgesetzten Personen zum Anerbenrecht als berufen gelten, wobei zu bemerken ist, daß die beiden Hindernisse der Entmündigung und Bestrafung gleichwertig sind. Unter mehreren bestimmt sich daher die Person des Anerben nach den Grundsätzen von § 11 Abs. 2 und 3 Ges. Ebenso verhält es sich in den beiden Geschwisterklassen.

Das Gesetz bestimmt in § 12 Abs. 5: „Unter den Nachkommen eines Kindes richtet sich die Berechtigung zur Uebernahme des Landgutes nach denselben Grundsätzen." Die Nachkommen von Entmündigten oder von Bestraften kommen als Anerben nur in Betracht, wenn sie zu den Miterben nach dem Landgutsbesitzer gehören; dies ist aber nur der Fall, wenn ihr Parens verstorben oder enterbt ist oder der Erbschaft entsagt hat. Unter solchen Umständen ist unerheblich, ob der letztere wegen eines Defectes als Anerbe nachgestanden haben würde. Die Kinder eines solchen stehen nur insofern nach, als in ihrer Person eins der erwähnten Hindernisse obwaltet.

Von dem Streben geleitet, eine Verminderung der selbstständigen Besitzungen thunlichst zu verhüten und die Wiedertrennung der in einer Hand vereinigten Landgüter nach Möglichkeit zu fördern, verordnet abweichend von dem Hannöverschen Höferecht und der Westfälischen Landgüterordnung **Mehrere Landgüter.**

übereinstimmend mit der Brandenburgischen das Gesetz für Schlesien in § 12, daß beim Vorhandensein mehrerer Landgüter und mehrerer zum Anerbenrecht berufenen Personen jeder Berechtigte in der Reihenfolge seiner Berufung nach seiner Wahl ein Landgut übernehmen kann und daß, wenn mehr Landgüter als Berechtigte vorhanden sind, die Wahl in derselben Reihenfolge wiederholt wird, bis sämmtliche zu vergebenden Landgüter untergebracht sind. Bleibt, nachdem alle Anerben zum Wahlrecht verstattet worden sind, noch ein Landgut übrig, so ist bezüglich des letzteren der an erster Stelle berufene Anerbe zur Uebernahme auch dieses Gutes berechtigt. Lehnt er dieselbe ab, so ist jeder der übrigen Anerben in der Reihenfolge seiner Berufung zur Uebernahme befugt.

2. Feststellung des Landguts-Werthes.

Im Allgemeinen.

Gegenüber der dem Anerbberechtigten zustehenden Befugniß das Landgut zu übernehmen steht dessen Verpflichtung, dafür zum Nachlaß behufs Abfindung der Miterben ein Entgelt zu entrichten. Die Höhe desselben zu bestimmen ist nun in erster Linie dem Erblasser vorbehalten, weil er die Verhältnisse am besten kennen und am ehesten in der Lage sein muß, die verschiedenen Interessen mit einander in Einklang zu bringen. Für den Fall des Fehlens einer solchen Festsetzung, welche in der Form einer letztwilligen Verfügung in die Erscheinung tritt, und für den weiteren Fall, daß die Betheiligten sich auch nicht anderweit einigen, mußte das Gesetz wenigstens die Faktoren bestimmen, durch welche der Werth des Landgutes und damit die Höhe des Uebernahmepreises ermittelt werden kann. Dabei war in erster Reihe darauf Rücksicht zu nehmen, daß der Werth so niedrig bemessen werde, daß der Anerbe sein Durchkommen finde und somit die Erhaltung des Gutes in der Familie ermöglicht werde; in zweiter Linie mußte darauf Bedacht genommen werden, daß das Entgelt auch nicht so niedrig sei, daß es zu einer empfindlichen Zurücksetzung und Benachtheiligung der Miterben führe. Von dem ersten Entwurf des Gesetzes an sind von den einzelnen mit der Frage beschäftigten Körperschaften, welche sämmtlich die Wichtigkeit dieses Punktes anerkennen und darin einig waren, daß die diesbezüglichen Festsetzungen für die Lebensfähigkeit und Wirksamkeit des Gesetzes entscheidend seien, mannigfaltige Vorschläge gemacht worden.

Der 40fache Reinertrag.

Die Werthsermittelung geht nach den verschiedenen Höferechten in verschiedener Art vor sich: In Hannover wird bei jedem Todesfalle des Besitzers eines Landgutes dieses besonders geschätzt; in Westfalen wird vom 20fachen Grundsteuerreinertrage ausgegangen, daneben wird aber der Ertrag der Gebäude, der Werth der gewerblichen Anlagen, des überständigen Holzes und der nutzbaren Gerechtigkeiten besonders veranschlagt; in Brandenburg ist der 30fache Reinertrag maßgebend, neben welchem wie in Westfalen eine ganze Reihe anderer Details bei der Schätzung berücksichtigt werden. Die Schlesischen Provinzial-Körperschaften wollten — vorbehaltlich des Rechts der Betheiligten die Aufnahme einer besonderen Taxe zu beantragen — den 40fachen Betrag des Grundsteuerreinertrages als Werth des Landgutes gelten lassen, indem angenommen wurde, daß der Grundsteuerreinertrag der Schlesischen Güter im großen Durchschnitt sich etwa auf die Hälfte ihres wirklichen Ertrages stelle; dabei sollten die auf dem Landgute ruhenden

Lasten und Abgaben ebensowenig in Abzug gebracht werden, als der Werth der Gebäude, Gerechtigkeiten, Renten, Gefälle, gewerblichen Anlagen und dergleichen hinzugerechnet werden sollte. Der Regierungsentwurf hat in Erwägung, daß die Schätzungshöhe von den besonderen Verhältnissen der einzelnen Gegenden abhänge, es dabei bewenden lassen, was die Schlesischen Provinzialkörperschaften als zutreffend erkannt hatten. Die Werthfeststellung eines Landgutes auf seinen 40fachen Grundsteuerreinertrag ist auch in das Gesetz übergegangen (§ 14 Abs. 1). Sie unterscheidet sich, da sie den Reinertrag ohne allen Ab- und Zugang, ohne Rücksicht auf alles Nebensächliche maßgebend sein läßt, ihrer Einfachheit halber auf das Vortheilhafteste von den Werthsermittelungsmethoden aller übrigen Höfe- und Landgüter-Ordnungen.

Anderweite Werths-Ermittelung.

Schon die Regierungsvorlage verlieh dem Anerben sowohl wie jedem Miterben das Recht auf anderweite Ermittelung des Grundstückswerths anzutragen; auch im Herrenhause erkannte man an, daß bei dieser summarischen Berechnung sich viele Fälle ergeben würden, wo dieselbe nicht zutrifft und daher das Verlangen auf detaillirte Schätzung als berechtigt hervortreten werde; in der Kommission des Abgeordnetenhauses wurde hervorgehoben, daß ein Bedürfniß zur anderweiten Feststellung des Gutswerthes umsomehr sich zeigen werde, als die Grundsteuereinschätzung in Schlesien höchst ungleichmäßig ausgefallen sei, indem in einigen Gegenden der geschätzte Reinertrag noch den wirklichen Ertrag der Güter übersteige, während er in anderen Gegenden nur die Hälfte oder den dritten Theil desselben ausmache und die Güterpreise solcherweise sehr und zwar zwischen dem 15 und 200fachen Betrage des Grundsteuerreinertrages schwankten. Die Regierungsvorlage wollte, wenn ein Interessent mit dem 40fachen Reinertrage als Uebernahmepreis nicht zufrieden sein und eine andere Werthsfeststellung verlangen sollte, den nachhaltigen Reinertrag des Gutes ermittelt und dessen 20fachen Betrag als Gutswerth angesehen wissen. Dieser Vorschlag wurde von den gesetzgebenden Körperschaften zwar für annehmbar erachtet, allein man vermißte eine Regelung des Taxverfahrens und war darin einig, daß es sich nicht empfehle, es auf gerichtliche Taxen ankommen zu lassen, weil deren Ergebnisse bei den verschiedenen Ansichten der Taxatoren und den verschiedenartigen auf sie einwirkenden Einflüssen nach vielfachen Erfahrungen wenig zuverlässig und höchst ungleichmäßig seien.

Schlesische Landschaft.

Die Kommission des Abgeordnetenhauses schlug vor, das alte bewährte Institut der Schlesischen Landschaft, welches 1770 von Friedrich dem Großen geschaffen und seit 1849 auch nicht ritterschaftlichen Besitz bis zu einem Reinertrage von 30 Mark herab beleiht, für die Ausführung des Gesetzes dienstbar zu machen. Dieser Vorschlag wurde allgemein als ein sehr glücklicher freudig begrüßt und das mit Recht, denn dieses Institut hat sich durch einen längeren als hundertjährigen Zeitraum bewährt, besitzt bestimmte Taxgrundsätze, welche von Zeit zu Zeit einer Revision unterworfen werden, deren Resultate, um rechtsgültig zu sein, der Königlichen Genehmigung unterliegen, und verfügt über geschulte und bewährte Taxatoren, welche auf den Landschaftlichen Kreistagen gewählt werden. Wenn man schließlich erwägt, daß alle Taxen nach eingehender Berathung durch das Kollegium der Landesältesten festgestellt werden, so muß zugegeben werden, daß in dem landschaftlichen Taxverfahren die größtmöglichste Garantie gegeben ist, daß die Abschätzungen einmal den Zeitverhältnissen Rechnung tragen und sodann sachgemäß, objectiv und gründlich vorgenommen werden. Die Inanspruchnahme der Schlesischen Landschaft empfahl sich schließlich besonders noch durch die Thatsache, daß in Schlesien fast alle Rittergüter und sehr viele Bauerngüter, weil landschaftlich beliehen, schon von Landschafts Wegen abgeschätzt sind, sodaß in vielen Fällen die Höhe einer neuen landschaftlichen Taxe einigermaßen sicher wird vorausgesehen werden können und die Interessenten daher häufig von Neuabschätzungen absehen und sich gütlich einigen werden. Nachdem sich die Schlesische Landschaft in entgegenkommenster Weise zur Uebernahme des landgüterordnungsmäßigen Abschätzungswesens bereit erklärt hatte, konnte festgesetzt werden, daß die auf Grund des Antrages des Anerben oder eines Miterben vorzunehmende Abschätzung eines Landgutes nach den zur Zeit der Aufnahme der Taxe für Auseinandersetzungen geltenden Abschätzungsgrundsätzen der Schlesischen Landschaft durch deren Behörden zu erfolgen hat. (§ 14 Abs. 3 Ges.).

Die landschaftliche Abschätzung.

Gegenwärtig gelten die revidirten Abschätzungsgrundsätze vom 2. Juli 1883 (Amtsblatt für den Reg. Bez. Liegnitz S. 255, Amtsblatt für Breslau außerordentliche Beilage S. 215—235) und zwar die daselbst Abtheilung II Tit. I bis XI enthaltenen Vorschriften über die Taxation zum Zweck der Auseinandersetzung. Die Taxen dieser Art unterscheiden sich von den Credittaxen dadurch, daß bei ihnen nicht blos die dauernden landwirthschaftlichen Nutzungen, sondern auch alle sonstigen Erträge aus Ziegeleien, Kalköfen, Mühlen, Fabriken, aus der Jagd und dergleichen als besonders zu ermittelnde Zutrittswerthe in Betracht gezogen werden. Was das Taxverfahren anlangt, so regelt es sich nach §§ 1 bis 15 der erwähnten Taxgrundsätze. Diese ursprünglich für die dem Landschaftsverbande incorporirten Güter bestimmt finden mit einigen aus der Natur der Sache folgenden und nach dem revidirten Regulativ vom 22. November 1867 vom engeren Ausschuß der Schlesischen Landschaft vorgezeichneten Modificationen auch auf andere Grundstücke Anwendung. (Revidirte Instruktion zur landschaftlichen Abschätzung nicht incorporirter Grundstücke, vorgezeichnet von dem Engeren Ausschusse der Schlesischen Landschaft im April 1884 bei v. Görtz, Verfassung und Verwaltung der Schlesischen Landschaft S. 254).

Bei Berathung des Gesetzes wollte man für die Landgütertaxen die landschaftlichen Taxprincipien in einigen Beziehungen abändern; so sollte der bei Creditinstituten aufgesammelte Amortisationsfonds zu dem durch die landschaftliche Taxe ermittelten Gutswerth hinzutreten. Es wurde aber regierungsseitig geltend gemacht, daß dabei die Sache ähnlich liege, wie bezüglich einer gewöhnlichen Hypothek, welche zwar schon ganz oder theilweise bezahlt sei, aber noch im vollen ursprünglichen Betrage ungelöscht eingetragen stehe. Formell wurde gegenüber den Versuchen die landschaftlichen Abschätzungsgrundsätze im Gebiet und Dienst der Landgüterordnung abzuändern und der Landschaft für ihre im Interesse der Landgüterrolle vorzunehmenden Taxen Directiven zu geben, mit Recht eingewendet, daß dieses Institut unmöglich nach anderen als seinen eigenen Grundsätzen taxiren könne. Es gelten daher für die Werthsermittelung lediglich die landschaftlichen Bestimmungen. Der Antrag auf landschaftliche Abschätzung Behufs der

Ermittelung des Werthes eines Landgutes zum Zweck von dessen Uebernahme durch den Anerben ist unter Angabe des Zweckes der Taxe und unter Darlegung der Verhältnisse entweder bei der Fürstenthumslandschaft, in deren Bereich das Grundstück belegen ist, oder bei einem Landesältesten des Kreises anzubringen (Revidirtes Regulativ über die Beleihung des nicht incorporirten ländlichen Grundeigenthums vom 22. November 1867 (G. S. S. 1876). Der durch den Erblasser bestimmte, bezw. durch die Vereinbarung der Interessenten gewonnene bezw. dem 40fachen Reinertrage entsprechende bezw. durch landschaftliche Taxe ermittelte Uebernahmepreis ist nach § 16 Ges. auch für die Veranschlagung des Werthes des Landgutes bei Ermittelung des Pflichttheils der Miterben maßgebend. Es gilt dies aber nur da, wo das Anerbenrecht eintritt, nicht aber in Fällen, in welchen der Landgutsbesitzer die Anwendung der §§ 10 bis 12 des Gesetzes ausgeschlossen hat; und auch nur bezüglich der Pflichttheile der das Landgut nicht übernehmenden Miterben, nicht für den Pflichttheil des Anerben. Dies rechtfertigt sich aus folgenden den Motiven zu der eine gleiche Vorschrift enthaltenden Hannöverschen Höfeordnung entnommenen Sätzen: „Wenn der Zweck des Gesetzentwurfs darin besteht, die Höfe in ordnungsmäßigem Stande in der Hand eines Besitzers zu erhalten, so kann dieser Zweck nur dahin führen, den Intestaterbtheil und Pflichttheil der neben dem Anerben zur Erbfolge berufenen Miterben zu verringern. Dagegen ist mit diesem Zweck eine Herabsetzung des Pflichttheils des Anerben, d. h. desjenigen Erben, der als Anerbe den Hof wirklich erwirbt, nicht vereinbar, und es erscheint daher gerechtfertigt, daß der Pflichttheil des Anerben im Interesse der Erhaltung der Höfe in möglichst unverschuldetem Zustande, nach den für ihn günstigeren Vorschriften des allgemeinen Rechts über den Pflichttheil, nicht nach der für ihn in dieser Beziehung ungünstigeren Bestimmung des Gesetzentwurfs berechnet und nicht dem Pflichttheil der andern Kinder gleichgestellt werde. Der Entwurf bestimmte deshalb, daß der Pflichttheil des Anerben, der den Hof erhält, sich nach der Intestatportion richtet, welche er nach den Vorschriften des allgemeinen Rechts als Miterbe erhalten würde, falls das Anerbenrecht nicht eintritt. Bei der Berechnung des Pflichttheils des Anerben ist folglich der Hof nebst Zubehör seinem wahren Werth nach in Gemäßheit der allgemeinen Rechtsgrundsätze zu schätzen und die Ermittelung der Intestatportion des Anerben, sowie die den Pflichttheil bildenden Quote dieser Erbportion lediglich nach den Vorschriften des allgemeinen Rechts zu bewirken."

Bedeutung des Uebernahmepreises für die Pflichttheile der Miterben.

3. Letztwilliges Bestimmungsrecht des Landgutsbesitzers.

Im Allgemeinen.

Als Correctiv dagegen, daß durch die Eintragung in die Rolle für die eingeschriebenen Besitzungen ein gewisser Vererbungsmodus eo ipso eintritt, hat der Gesetzgeber in § 15 ein Mittel geschaffen, wie der Landgutsbesitzer in der einfachsten Weise die Folgen der Eintragung aufheben oder diejenigen Bestimmungen treffen kann, welche er seinen jeweiligen Verhältnissen entsprechend erachtet. Darnach ist der Eigenthümer eines Landgutes, welcher über dasselbe letztwillig verfügen kann, befugt in einem Testament oder in einer gerichtlich oder notariell beglaubigten Urkunde oder in einer eigenhändig geschriebenen und unter Beifügung des Tages und

Jahres unterschriebenen Urkunde die Anwendung der §§ 10 bis 14 auszuschließen oder unter den Miterben diejenige Person zu bestimmen, welche zur Uebernahme eines Landgutes oder mehrerer Landgüter berechtigt sein soll. Diese Vorschrift macht wenigstens zum Theil den gegen das Gesetz erhobenen Vorwurf: es nehme auf die speciellen Fälle des concreten Falles keine Rücksicht und berufe eine Person, ohne auf deren Qualification Rücksicht zu nehmen, schlechthin zum Anerbenrecht, gegenstandslos und hinfällig, denn der Landgutsbesitzer ist dadurch stets in die Lage gesetzt den Verhältnissen Rechnung zu tragen, und die Folgen, welche sich an die Eintragung in die Landgüterrolle knüpfen, für einen bestimmten Erbfall ganz oder theilweise zu ändern oder zu beseitigen. Die subjectiven Voraussetzungen sind dieselben wie im § 5 des Gesetzes; dort wie hier ist die Befugniß daran geknüpft, daß der Landgutsbesitzer letztwillig verfügen kann.

Form der Verfügung.

Die Form der letztwilligen Verfügung anlangend, so wollte der Entwurf des Provinziallandtages auch eine von Gemeindevorsteher und einem Schöffen beglaubigte Urkunde zulassen; allein das Oberlandesgericht zu Breslau gab bezüglich der Form der Urkunden den Bestimmungen des § 14 der Landgüterordnung für Brandenburg — mit welchen nun der § 15 der Schlesischen Landgüterordnung wörtlich übereinstimmt — den Vorzug, weil sich diese an das bestehende Recht nämlich an die in § 380 a Th. II Tit. 2 A.L.R. für die dispositio parentum inter liberos gegebenen Vorschriften anschließen und weil durch Anordnung einer anderen Beglaubigungsform leicht Verwirrungen entstehen können. Dem Landgutsbesitzer stehen darnach drei Formen zu Gebote, nämlich 1. das Testament, 2. eine gerichtlich oder notariell beglaubigte Urkunde 3. eine eigenhändig geschriebene und unter Beifügung des Jahres und Tages unterschriebene Urkunde.

Testament.

Die Eintragung in die Landgüterrolle zusammen mit dem darauf gerichteten Antrage enthält selbst eine letztwillige Verfügung, sie kann durch eine andere, durch ein Testament, zwar nicht aufgehoben, aber in den Folgen für einen einzelnen Fall beseitigt oder modificirt werden. Das Testament muß vor dem mit einem Richter und Gerichtsschreiber besetzten Gericht errichtet oder demselben persönlich übergeben werden §§ 82. 66. Th. I. Tit. 12 A. L. R. Von den in § 15 Ges. gewährten drei Arten über die Folgen der Rolleneintragung ändernd zu disponiren, ist daher das Testament die complicirteste Form. Ein gemeinschaftliches Testament mehrerer Personen ist dem preußischen Recht nur als wechselseitiges Testament der Ehegatten bekannt (§ 614 a. a. O.), weshalb Landgutsmiteigenthümer, wofern sie nicht Ehegatten sind, dieser Form sich nicht bedienen können.

Gerichtlich oder notariell beglaubigte Urkunde.

Da die Form einer notariell oder gerichtlich beglaubigten Urkunde verstattet ist, so wird auch eine notariell oder gerichtlich aufgenommene Urkunde als zulässig erachtet werden müssen; sonst würde sich das wenig befriedigende Resultat ergeben, daß zwar das Minus genügt, das Plus aber nicht ausreicht; auch könnten Schreibensunkundige dann sich nur der Form eines ordentlichen Testaments bedienen. Die notariell oder gerichtlich beglaubigten Urkunden eignen sich auch für Miteigenthümer. Die Letzteren sind, wie sie Anträge auf Eintragung in die Rolle wirksam stellen können, so zu den die Folgen der Eintragung für den einzelnen Fall beseitigenden und modificirenden Verfügungen des § 15 Gesetz befugt; nur ist erforderlich, daß sie die Verfügung gemeinschaftlich d. h. gleichzeitig, mit gleichen Worten und in einer gemeinschaftlichen Urkunde treffen.

Privatschriftliche Urkunde.

Bezüglich der dritten Form, der privatschaftlichen Urkunde, bestehen äußerst milde und einfache Formvorschriften; dieselben erheischen aber umsomehr eine sorgfältige Beobachtung. Die Urkunde muß von dem Landgutseigenthümer eigenhändig geschrieben sein; diese Vorschrift ist zwingend und hat ihren guten Grund, denn zu einer Unterschrift ist Jemand leichter zu bewegen, als zur Niederschrift eines Schriftstückes, die Eigenhändigkeit der Schrift garantirt daher mehr den freien Willen des Erblassers als dessen bloße Unterschrift. Landgutsmiteigenthümer können sich dieser einfachsten Form der letztwilligen Verfügung nicht bedienen. Zwei oder mehrere Personen können eine Urkunde nicht eigenhändig schreiben. Um diese Form den Landguts-Miteigenthümern, insoweit sie Ehegatten sind, zu sichern, bestimmte die Westfälische Landgüterordnung (§ 21 Abs. 2), daß es genügen solle, wenn die Urkunde von einem Ehegatten eigenhändig geschrieben und von beiden Eheleuten unterschrieben sei. Eine solche Vorschrift fehlt in dem Gesetze für Schlesien.

Ein von dem Landgutsbesitzer zwar geschriebenes aber nicht unterschriebenes Schriftstück ist ebenso unzureichend, wie eine von ihm zwar ge- und unterschriebene, aber nicht datirte Urkunde. Die Datirung ist schon zum Zweck der Feststellung des Zeitpunkts der Errichtung von besonderer Bedeutung. Als vollendet und fertig gilt die Urkunde erst, wenn die Niederschrift datirt und unterschrieben ist. Ein Weiteres, insbesondere eine Abgabe der Urkunde an das Gericht ist nicht vorgeschrieben, nicht erforderlich und auch nicht üblich.

Der Zuziehung von Zeugen bedarf es zur Gültigkeit der Urkunde nicht; indessen ist die Zuziehung eines Zeugen nicht nur nicht unzulässig, sondern sogar empfehlenswerth, denn wer sich später auf die Urkunde beruft, hat, da es sich um eine Privaturkunde handelt, deren Echtheit zu beweisen. Diese Beweisführung erfolgt leichter und sicherer durch Zeugen als auf andere Art, etwa durch Schriftenvergleichung.

Die drei Formen, wie sie in § 15 festgesetzt und vorstehend erwähnt sind, stehen, insbesondere was ihre Bedeutung und Wirkung anlangt, ganz gleich. Wenn mehrere Urkunden vorliegen, so gilt die jüngere mit der älteren in Widerspruch stehende als letzter Wille des Landsgutsbesitzers.

Inhalt der Verfügungen nach § 15.

Ausschließung und Abänderung des Anerbenrechts.

Durch eine Urkunde der vorbezeichneten Art kann der Landgutseigenthümer das Anerbenrecht für den Fall seines Todes ganz und gar ausschließen; alsdann äußert die Rolleneintragung für diesen Erbfall gar keine Wirkung; es ist so, als ob das Gut gar nicht in die Landgüterrolle eingetragen wäre. Er kann das Anerbenrecht aber auch nur theilweise ausschließen etwa für eins von mehreren Landgütern oder für das Zubehör oder für einzelne Zubehörstücke.

Eine privatschriftliche Urkunde dieses Inhaltes würde folgendermaßen zu lauten haben:

13. Beispiel. Ausschließung des Anerbenrechts auf ein ganzes Gut.

Mein Rittergut Kleindorf ist in der Landgüterrolle von Kleindorf Bl. Nr. 1 Nr. 1 eingetragen. Ich schließe hiermit für meinen Todesfall die Anwendung der §§ 10 bis 14 der Landgüterordnung für die Provinz Schlesien vom 24. April 1884 aus.

Kleindorf, den 17. Mai 1893. Johann Reich.

14. Beispiel: Ausschließung auf einen Theil (Zubehör).

In der Landgüterrolle von Schwarzbach Bl. Nr. 4 steht unter Nr. 1 mein Bauergut, Grundbuchnummer 103 Schwarzbach, unter Nr. 2 meine Auenhäuslerstelle, Grundbuchnummer 117 Schwarzbach, und unter Nr. 3 mein Ackerstück, Grundbuchnummer 120 Scharfenberg, eingetragen. Ich schließe für den unter Nr. 2 des Rollenblattes aufgeführten Gutsbestandtheil (für das lebende Inventar) die Anwendung der §§ 10 bis 14 der Landgüterordnung für Schlesien vom 24. April 1884 aus.

Schwarzbach, 27. April 1890.

Gottlieb Schneider.

Bestimmung eines Anerben.

Der Landgutseigenthümer kann in derselben Form unter den Miterben diejenige Person bestimmen, welche das Landgut oder die mehreren Landgüter zu übernehmen berechtigt sein soll. Nur aus dem Kreis der Miterben darf der Anerbe ernannt werden. Die erleichterten Formvorschriften sind im Interesse der Erhaltung des Familienbesitzes gegeben, damit die im einzelnen Falle nicht passende gesetzliche Berufung auf einfachste Weise corrigirt und den Verhältnissen entsprechend die geeignete Person zur Erbfolge in den Besitz herangezogen werden kann. Für die Berufung eines Fremden diese vereinfachten Formen gleichfalls zu gewähren, lag deshalb keine Veranlassung vor. Der Personenkreis, welchem im einzelnen Falle der Anerbe zu entnehmen ist, richtet sich darnach, welche landrechtliche Erbenklasse gerade zur Erbschaft berufen ist, wer also gerade die Miterben sind.

15. Beispiel.

Mein Rittergut Haltau ist (meine Rittergüter Haltau und Schmetzkau sind) in der Landgüterrolle von Haltau Bl. Nr. 1 Nr. 1 (und Schmetzkau Bl. Nr. 1 Nr. 1) eingetragen. Ich ernenne hiermit meinen Sohn Emil Fuchtig, derzeitigen Wirthschaftsvolontär in Langdorf, auf das bezeichnete Rittergut (die bezeichneten Rittergüter) nebst Zubehör zum Anerben.

Haltau, 3. Juli 1889.

Carl August Fuchtig, Rittergutsbesitzer.

Festsetzung des Uebernahmepreises und sonstige Bevorzugung des Anerben.

Die Landgüterordnung enthält keine Bestimmung darüber, daß die auf Grund von § 15 Abs. 1 erfolgenden Anordnungen rücksichtlich der Anfechtung wegen Pflichttheilsverletzung bevorzugt sein sollen, wie sie in Absatz 2 angegeben sind. Jene müssen daher als anfechtbar gelten Seitens des Anerben sowohl als Seitens aller pflichttheilsberechtigten Miterben; nur gelten bezüglich der Ermittelung des Pflichttheils der Miterben des Gutsübernehmers die für letzteren günstigeren Vorschriften der Landgüterordnung, d. h. der nach § 14 ermittelte Gutswerth ist maßgebend.

Anders verhält es sich bei den nach § 15 Absatz 2 in derselben Form zu errichtenden letztwilligen Verfügungen, durch welche der Landgutsbesitzer bestimmen kann, zu welchem Betrage der Gutswerth bei der Erbtheilung angerechnet werden, daß und in welcher Höhe der Gutsübernehmer bei der Theilung ein Voraus erhalten oder in einer sonstigen Weise bevorzugt sein soll. Derartige Bestimmungen sind Seitens der Nachkommen und des überlebenden Ehegatten wegen Pflichttheilsverletzung anfechtbar, dagegen nicht Seitens des Ascendenten; nur den Nachkommen und dem überlebenden Ehegatten ist solchen Verfügungen gegenüber ihr Pflichttheilsrecht vorbehalten. Die Ascendenten, welche doch auch ein Pflichttheilsrecht haben, sind schon in der Landgüterordnung für Brandenburg in derselben Weise zurückgesetzt. Bei dieser will Hartmann (L. G. O. für Brandenburg S. 49) die auffallende Thatsache der Zurücksetzung des Ascendenten auf eine Unterlassungssünde des Gesetzgebers zurückführen; er meint man habe anscheinend an den Fall nicht gedacht, daß der Eigenthümer keine Descendenten haben und deshalb von seinen Ascedenten und Geschwistern werde beerbt werden. Es mag dies für das Brandenburgische Gesetz richtig sein; daß bei der Landgüterordnung für Schlesien der Gesetzgeber derselben Unachtsamkeit zum Opfer gefallen sein sollte, ist umsoweniger anzunehmen, als der Geschwister hier ja besonders gedacht ist, indem sie als Anerben in Betracht gezogen sind. Die Zurücksetzung der Ascendenten muß daher als vom Gesetzgeber gewollt gelten, es läßt sich dafür auch dieser oder jener Grund anführen. Die Motive verhalten sich darüber freilich nicht. Die Ascendenten sind also nicht befugt, eine letztwillige Verfügung des Landgutsbesitzers anzufechten, in welcher derselbe den Uebernahmepreis festsetzt, dem Gutsübernehmer ein Voraus zuwendet oder diesen sonst wie bevorzugt.

Die Festsetzung des Uebernahmepreises würde etwa in dieser Form zu erfolgen haben: 16. Beispiel: Festsetzung des Uebernahmepreises.

Ich Leopold Schönhalt setze hiermit den Uebernahmepreis meines Landgutes Landgüterrolle Mönchsberg Nr. 21 Nr. 1 einschließlich des Zubehörs auf 24840 Mark fest und berufe zum Anerben in mein Landgut Landgüterrolle Burgsdorf Bl. Nr. 7 Nr. 1 den jüngsten meiner sechs Söhne den Landwirth Franz Schönhalt hierselbst. Derselbe soll berechtigt sein dieses Landgut für 18400 Mark zu übernehmen.

Mönchsberg, 12. October 1891.

Leopold Schönhalt.

Die Bevorzugung des Anerben kann in verschiedener Weise erfolgen: es möge dafür nur ein Beispiel angeführt werden: 17. Beispiel: Sonstige Bevorzugung des Anerben.

Ich Johann Georg Kohlmann ernenne zum Anerben meiner zu Hotzdorf belegenen in der Landgüterrolle von Hotzdorf Bl. Nr. 22 Nr. 1 eingetragenen Bauernnahrung meinen Bruder den Gutspächter Friedrich Wilhelm Kohlmann zu Kleindorf. Demselben soll der Werth des Gutes ohne Zubehör bei der Erbtheilung mit 35000 Mark angerechnet werden. Mein genannter Bruder erhält bei der Theilung meines Nachlasses ein Voraus von 6000 Mark; auch sollen meine beiden Brüder der Getreidehändler Gottlieb Kohlmann in Winzig und der Restaurateur Carl Kohlmann in Trebnitz ihre Erbtheile auf dem erwähnten Landgute hypothekarisch eintragen, drei Jahre lang von meinem Todestage ab ungekündigt stehen lassen und sich mit jährlich 3¾ Procent Zinsen begnügen.

Hotzdorf den 2. April 1884.

Johann Georg Kohlmann.

Der Anfechtung seitens aller Pflichttheilberechtigten sind diejenigen letztwilligen Bestimmungen entzogen, welche nach § 15 Absatz 1 letzter Satz in derselben privilegirten Form vom Landgutsbesitzer errichtet werden können, sodaß also weder ein Nachkomme noch ein Ascendent noch der überlebende Ehegatte eine der nachfolgenden Bestimmungen, wegen Pflichttheilsverletzung anzufechten vermag. Es sind dies Verfügungen des Erblassers, durch welche Zuwendung des Verwaltungs- und Nießbrauchsrechts an den überlebenden Ehegatten.

dem leiblichen Vater des Anerben lebenslänglich, der leiblichen Mutter bis zur Großjährigkeit des Anerben das Recht beigelegt wird das Landgut nebst Zubehör nach dem Tode des Erblassers in eigene Nutzung und Verwaltung zu nehmen unter der Verpflichtung den Anerben und dessen Miterben, letztere bis zur Auszahlung ihres Erbtheils angemessen zu erziehen und für den Nothfall auf dem Landgute zu unterhalten. Es wird durch eine solche Verfügung dasjenige erreicht, was in Schlesien durch den häufig auf dem Sterbebette erfolgenden, in manchen Gegenden sehr beliebten Gutsverkauf an den Ehegatten unter der Verpflichtung zu einem bestimmten Zeitpunkt das Gut einem Kinde käuflich zu überlassen erstrebt wird. Aber wie leicht, einfach, billig und sicher hier, auf wie complicirte und kostspielige Art und wie unsicher dort wird die dabei maßgebende Absicht: den bisherigen treuen Gehilfen, den überlebenden Ehegatten, zwar bis an sein Lebensende bzw. bis zur Selbstständigkeit der Leibeserben unbeschränkt fortwirthschaften, dann aber den Hof auf ein Kind, welchem wie seinen Geschwistern bis dahin auf dem Hofe Erziehung und nöthigenfalls Unterhalt zu gewähren ist, übergehen zu lassen, erreicht.

Zu beachten ist, daß das Gesetz nur von dem leiblichen Vater und der leiblichen Mutter des Anerben spricht, daß also der Landgutsbesitzer zu Gunsten des Stiefvaters oder der Stiefmutter des Anerben derartige Verfügungen nicht treffen darf. Die Verpflichtung zur Erziehung des Anerben und seiner Miterben und zum Unterhalt für den Nothfall erstreckt sich nicht auf Ehegatten, Kinder, Gesinde des Anerben bezw. der Miterben, die erstere braucht nur eine angemessene d. h. den Verhältnissen entsprechende zu sein. Unterhalt kann überhaupt nur im Nothfalle d. h. dann, wenn das Kind sich selbst nicht zu ernähren vermag, gefordert werden. (§ 251. Th. II Tit. 2, Tit. 14 Th. II Tit. 3 ALR). Ob der Unterhalt ein anständiger oder nur nothdürftiger sein muß, wird nach den allgemeinen Bestimmungen also nach §§ 252. 253 Th. II Tit. 2 A. L. R. zu entscheiden sein. Eine Verpflichtung der Kinder während der Zeit, in welcher sie nach aufgehobener väterlicher Gewalt noch ernährt werden, in der Wirthschaft nach ihren Kräften behülflich zu sein (§ 254 Th. II Tit. 2 A. L. R.) besteht im Rahmen der Landgüterordnung nicht. Eine im Sinne von § 17 Abs. 1 getroffene Bestimmung wird oft geeignet sein, die Zusammengehörigkeit der Familienglieder aufrecht zu erhalten und sich besonders da nützlich erweisen, wo zur Zeit des Todes des Landgutsbesitzers die Miterben unerzogen sind und Mangels einer solchen Anordnung alsbald den Hof räumen und bei Fremden untergebracht werden müßten.

18. Beispiel: Ich der Bauergutsbesitzer Kasimir Potschella aus Clodnitz ernenne meinen Sohn Franz Potschella z. Z. auf der Landwirthschaftsschule zu Schweidnitz zum Anerben meines in der Landgüterrolle von Potschella Bl. Nr. 18 Nr. 1 verzeichneten Landgutes und setze den Uebernahmepreis nebst Zubehör auf 47000 Mark fest.

Zugleich ordne ich an, daß meine Ehefrau Katharina Potschella geb. Kaliga bis zur Großjährigkeit des Franz Potschella die eigene Nutzung und Verwaltung des erwähnten Landgutes haben und verpflichtet sein soll den Franz Potschella und meine übrigen Kinder zu erziehen und nöthigen Falls auf dem Gute zu unterhalten und zwar letztere bis zur Auszahlung ihrer Erbtheile.

Clodnitz den 27. Februar 1894 Kasimir Potschella.

Das Gleiche bezüglich der Anfechtung und der Form gilt von Verfügungen des Landgutsbesitzers, durch welche die Fälligkeit der Erbtheile der Miterben bis zu deren Großjährigkeit unter der Verpflichtung des Anerben die Miterben bis zu diesem Zeitpunkt angemessen zu erziehen und für den Nothfall auf dem Landgute zu unterhalteu, hinausgesetzt wird.

Hinausschieben des Fälligkeitstermins der Erbtheile der Miterben.

19. Beispiel:

Ich Bruno Bauer verordne hiermit, daß mein Sohn Alexander Bauer mein in der Landgüterrolle von Beildorf Bl. Nr. 5 Nr. 1 eingeschriebenes Landgut nebst Zubehör für 50000 Mark übernehmen soll. Meine Ehefrau Beate Bauer geb. Schwuche hat bis zur Großjährigkeit desselben die Verwaltung und Nutzung des Landgutes, muß aber den Alexander Bauer und seine Geschwister angemessen erziehen und für den Nothfall auf dem Landgute unterhalten. Diese Verpflichtung bezüglich seiner Geschwister geht mit der Gutsübernahme auf meinen Sohn Alexander Bauer über und dauert bis zur erlangten Großjährigkeit eines Jeden; dagegen hat aber Alexander Bauer seinen Geschwistern ihre Erbtheile auch erst bei deren Großjährigkeit zu zahlen.

Beildorf 25. September 1892. Bruno Bauer.

In der Westfälischen Landgüterordnung ist den Miterben das auf ihren Antrag durch Eintragung zu sichernde Recht beigelegt, bis die Abfindung auf ihr eigenes Verlangen ihnen ausgezahlt wird, gegen entsprechende Mitarbeit Unterhalt auf dem Landgut zu fordern. Nach der Landgüterordnung für Schlesien wie nach der Brandenburgischen haben die Miterben Rechte der angegebenen Art nicht; vielmehr können sie durch Anordnungen des Erblassers, ohne sich dagegen auf ihr Pflichttheilsrecht berufen zu dürfen, noch weiter dahin beschränkt werden, daß die Fälligkeit ihrer Erbtheile bis zur Großjährigkeit gegen die Pflicht sie bis dahin zu erziehen und für den Nothfall zu unterhalten, hinausgeschoben wird. Der Anerbe muß übrigens für berechtigt gelten, die Erbtheile noch vor der Fälligkeit an die Miterben auszuzahlen und sich so von der Erziehungs- und Unterhalts-Pflicht zu befreien. Die Miterben haben kein Recht auf Sicherstellung des Unterhaltsrechts oder der Erbtheile anzutragen; indessen erlischt ihr Anspruch auf Abfindung auch nicht wie in Westfalen, wenn sie bis zu ihrem Tode auf dem Landgute unterhalten worden und ohne einen Ehegatten oder Kinder zu hinterlassen verstorben sind. Es ist richtig, daß — wie Eccius, Preuß. Privatrecht Band IV § 248 Anm. 55 hervorhebt — der Anerbe durch den Verkauf des Landgutes sich außer Stande setzen kann, seine Miterben bis zur Fälligkeit der Erbtheile auf dem Landgute zu unterhalten, vielleicht auch, sie bei der Fälligkeit zu zahlen; allein die Schlesische Landgüterordnung ist eben auf der Ueberzeugung aufgebaut, daß der Landmann mit Liebe an seiner Scholle hängt und als sein Theuerstes, wie ein Heiligthum bewahrt; auch ist nicht zu leugnen, daß das Hinausschieben des Fälligkeitstermines der Erbtheile gegen die Erziehungs- und Unterhaltungs-Verbindlichkeit möglicher Weise zum Nachtheil des Anerben gereichen kann, nämlich dann, wenn die Kosten für die Erziehung und den Unterhalt mehr ausmachen als die Zinsen betragen.

4. Die Nachlaßgläubiger.

Härten können sich aus den Bestimmungen der Landgüterordnung auch sonst noch für die Miterben insbesondere mit Rücksicht auf die Nachlaßgläubiger ergeben. Jene haften diesen nach dem allgemeinen Landrecht in der Regel solidarisch § 127 Th. I Tit. 17 A. L. R., die Nachlaßgläubiger können sich daher an jeden Miterben wegen des Ganzen halten, obwohl das Landgut, welches möglicherweise das Hauptwerthobjekt darstellt, dem Anerben zugefallen ist. Es wurden von den zur Mitwirkung bei der Gesetzgebung berufenen Factoren verschiedene Versuche gemacht, diese Härten zu mildern; unter Anderen wollte man die Berechtigung des Anerben zur Gutsübernahme nicht eintreten lassen, wenn die Nachlaßschulden die nach § 14 Gesetz festzustellende Taxe und den sonstigen Nachlaß überstiegen. Regierungsseitig wurde zwar zugegeben, daß das Gesetz bei überschuldetem Nachlaß möglicherweise zu Unzuträglichkeiten führen könne; allein man meinte: das Gesetz könne nicht für alle möglichen Fälle Spicialbestimmungen treffen, man müsse vertrauen, daß der Landgutsbesitzer in Fällen, wo das Anerberecht nicht passe, im Wege letztwilliger Verordnung Vorsorge treffen oder das ganze Gut in der Rolle löschen lassen werde. Die Miterben können sich übrigens, worauf der Regierungscommissar noch besonders hinwies, durch Erbschaftsantritt mit Vorbehalt oder durch Entsagung schützen.

Es sind daher bezüglich der Nachlaßgläubiger Bestimmungen in der Landgüterordnung nicht getroffen; ihre Rechte werden durch die Gutseintragung in die Landgüterrolle und den Eintritt der Folgen dieser Eintragung, das Anerbenrecht, nicht berührt. Es ist dies auch ganz consequent, da in Bezug auf das Landgut keine Singularsuccession eintritt und das Anerbenrecht lediglich in der Befugniß besteht, bei der Erbtheilung von den andern Miterben die Ueberlassung des Landgutes zu beanspruchen.

5. Zwangsversteigerung auf Antrag eines Beneficialerben.

In beiden Häusern des Landtages wurde die Frage erörtert, ob das Anerbenrecht durch das Recht des Beneficialerben, die Subhastation der Nachlaßgrundstücke zu erlangen, ausgeschlossen werde. Nach § 180 Nr. 1 des Gesetzes betreffend die Zwangsversteigerung in das unbewegliche Vermögen steht nämlich dem Beneficialerben das Recht zu auf Zwangsversteigerung des Grundstückes anzutragen. Die Zwangsversteigerung ist häufig die einzige Art, wie festgestellt werden kann, ob die Masse solvent ist, ob der Beneficialerbe also in der Lage ist den Nachlaßgläubigern gerecht zu werden. Durch diese jedem Beneficialerben sofort und unmittelbar zustehende Befugniß ist indessen der Miterbe nicht in die Lage gesetzt nach Belieben das Eintreten des Anerbenrechts unmöglich zu machen. Wenn nämlich ein Miterbe das formelle Recht auf Zwangsversteigerung des Nachlaßgrundstückes ohne Nöthigung durch die Schuldverhältnisse des Nachlasses zum Nachtheil des Miterben oder Anerben, dem das Recht auf Uebereignung zusteht, mißbraucht, so kann sich der Berechtigte dagegen durch Erhebung der Klage und durch Antrag auf Erlaß einer einstweiligen Verfügung schützen. Die Wirksamkeit des Anerbenrechts wird also keineswegs durch die Rechte der miterbenden Beneficialerben ausgeschlossen.

Veräußerungsbeschränkungen des Anerben.

Man erblickte in dem Umstande, daß dem Anerben als Landgutsbesitzer die freie Verfügung über das Gut zusteht, eine ernste Gefahr dafür, daß derselbe die auf Kosten der Miterben im Interesse der Erhaltung des Besitzers für die Familie ihm gewährten Vortheile für sich ausnützen, das billig erworbene Gut bald nach der Uebernahme theuer an einen Fremden losschlagen oder es wohl gar durch Dismenbration zertrümmern werde. Schon im Entwurfe des Provinziallandtages tritt daher das Bestreben hervor, durch gesetzliche Bestimmung einen Riegel vorzuschieben und auch in den beiden Häusern des Landtages suchte man Mittel und Wege zu finden, um der Vereitelung des Hauptzweckes des Gesetzes entgegenzuwirken. Im Wesentlichen wurden zwei Vorschläge gemacht: der eine wollte das Gut in den ersten zehn Jahren zur Vermeidung einer Conventionalstrafe in der Rolle nicht löschen lassen; der andere verlangt, daß der Anerbe bei stattfindender Veräußerung den Miterben eine dem erzielten Mehrerlös entsprechende Nachzahlung leisten und diese durch eine Cautionshypothek sicherstellen solle. Die Regierung und mit ihr die Mehrheit der Volksvertretung erachtete indessen beide Wege für ungangbar. Von dem ersten wurde dafür gehalten, daß er die Dispositionsfreiheit des Landgutsbesitzers, welche sonst im Gesetz streng aufrecht erhalten sei, in unzulässiger Weise beschränke; gegen den letzteren wurde eine ganze Reihe von Bedenken geltend gemacht, welche schon das Oberlandesgericht zu Breslau und vorher das Kammergericht mit Rücksicht auf einen ähnlichen zur Brandenburgischen Landgüterordnung gestellten Antrag in derselben Weise erhoben hatten. Es wurde insbesondere darauf hingewiesen, daß eine auf zehn Jahre berechnete Veräußerungsbeschränkung doch eine ausreichende Garantie für die Erhaltung des Familienbesitzes nicht gewähre, andrerseits aber durch die Belastung mit Cautionshypotheken das Gut zum Schaden seines Besitzers, der vielleicht in Folge von Unglücksfällen Geld brauche, in seiner Creditfähigkeit beeinträchtige. Ferner wurde auf die Schwierigkeit der Berechnung des Gewinnes des Anerben bei der Veräußerung hingewiesen, wenn er das Gut verbessert habe und bemerkt, daß die Verhältnisse sich gleichfalls ungemein schwierig gestalten würden, wenn kein reiner Verkauf sondern etwa nur ein solcher unter Vorbehalt einer Leibrente oder ein Parcellenverkauf oder ein im Wege der Versteigerung oder Enteignung erfolgender Zwangsverkauf stattfinde. Bei einem in schneller Reihenfolge geschehenden Besitzwechsel im Landgut werde dasselbe bald über die Maßen mit Cautionshypotheken belastet sein, sodaß auf die Dauer der Jahre und je mehr die Eintragungen in die Landgüterrollen zunehmen, schließlich wenn nicht sämmtliche so doch sehr viele Höfe mit Cautionshypotheken belastet sein würden, was zu einer allgemeinen und erheblichen Schädigung des Realcredits führen müsse.

Man hat schließlich von der Aufnahme einer solchen Bestimmung in das Gesetz abgesehen, weil sie in der That zu unabsehbaren Verwickelungen zu führen geeignet ist und weil doch alle Cautelen nicht ausreichen werden, wenn, was man doch schwerlich ganz verbieten kann, das Gut nicht im Ganzen sondern in Parcellen veräußert wird. Bei der Liebe der Grundbesitzer zu ihrer Scholle wird ein derartiger Mißbrauch voraussichtlich höchst selten vorkommen; auch ist ein solches Reservat in Schlesien noch weniger nöthig als in anderen Provinzen, weil dort der Anerbe weniger begünstigt ist als hier.

VII. Kosten.

Der Entwurf des Schlesischen Provinziallandtages hatte die hauptsächlichsten die Kosten betreffenden Bestimmungen an seinem Schlusse in einem Paragraphen vereint, was vielleicht der in dem fertigen Gesetze gewählten Art der zerstreuten Anordnung vorzuziehen gewesen wäre. Derselbe wollte für jede Eintragung bezw. Löschung in der Rolle einschließlich der darüber dem Eigenthümer zu machenden Anzeige eine Gerichtsgebühr von nur einer Mark erheben und für Verträge ingleichen für Aufnahme, Aufbewahrung und Publication letztwilliger Anordnungen, sowie der Ehe- und Erbverträge des in der Höferolle eingetragenen Grundbesitzes, wenn darin über Höfe im Sinne des Gesetzes Verfügung getroffen, bei Gerichten und Notaren außer den baaren Auslagen nur die Hälfte der sonst zulässigen Kosten ansetzen, auch die Kosten der Eintragung im Grundbuche, welche durch Verträge oder letztwillige Verordnungen dieser Art herbeigeführt werden, nur mit der Hälfte berechnen. Der Gesetzgeber ist zwar nicht so weit gegangen wie dieser Vorschlag des Provinziallandtages; allein er bringt gleichfalls in der Behandlung des Kostenpunktes demjenigen, welcher das Gesetz auf sich anwenden läßt, großes Wohlwollen entgegen; man kann geradezu die auf Grund der Landgüterordnung vorzunehmenden Rechtsacte als im Kostenpunkt privilegirt bezeichnen. Es erfolgen kostenfrei — wobei die Kostenfreiheit auch die Freiheit von der Erstattung der Auslagen umfaßt — die Vermerke des Rollenblattes auf dem Titel des Grundbuchblattes (§ 3 Abs. 3), die von Amtswegen erfolgenden Ab- und Zuschreibungen in der Rolle (§ 8 Abs. 4), die Einsichtnahme in die letztere (§ 9 Schlußsatz). Von Stempel befreit sind die selbst ge- und unterschriebenen datierten Urkunden, durch welche der Landgutsbesitzer den Eintritt des Anerbenrechts ausschließt bezw. nach seinem Ermessen vom Gesetz abweichend regelt. (§ 15), sowie alle Anträge zur Rolle, also insbesondere die Eintragungs- und Löschungsanträge (§ 19 Abs. 2). Erbtheilungen, welche auf Grund der Landgüterordnung erfolgen d. h. solche Auseinandersetzungen, bei welchen ein rolleneingetragenes Landgut Seitens des dazu Berechtigten als Anerben gegen eine nicht dem gemeinen Werth des Landgutes entsprechende Abfindung übernommen wird, sind frei von Kaufstempel. Die einzige Bestimmung der Landgüterordnung, welche die Erhebung von Kosten anordnet, lautet in § 19 Abs. 1: „Für jede Eintragung und für jede Löschung in der Rolle einschließlich der darüber dem Eigenthümer zu machenden Mittheilung wird außer in den Fällen des § 8 eine Gerichtsgebühr von drei Mark erhoben.“ Dieser Betrag von drei Mark gelangt auch bei späteren Zuschreibungen sowie bei theilweisen Löschungen, welche nicht von Amtswegen erfolgen zum Ansatz. Für die gerichtliche Aufnahme der Eintragungsanträge werden daneben keine besonderen Kosten liquidirt. (Justizministerialrescript vom 10. December 1887 unter S. 70) Man war bisher der Meinung, daß die in § 19 Abs. 1 Ges. festgesetzte Gebühr von drei Mark nur die Eintragung bezw. Löschung betrifft, nicht aber auch die Aufnahme des betreffenden Antrages. Das erwähnte durch Verfügung des Oberlandesgerichtspräsidenten zu Breslau vom 22. December 1887 den Gerichten in Schlesien zur Beachtung mitgetheilte, ursprünglich an den Präsidenten des

Kammergerichts gerichtete Rescript verfügt aber, daß für die gerichtliche Aufnahme mündlicher Anträge auf Eintragung von Landgütern in die Landgüterrollen neben der für die Eintragung zu erhebenden Gebühr von 3 Mark besondere Kosten nach § 8 Nr. 3 des Kostentarifs für Grundbuchsachen nicht zu erheben sind. Hierbei ist zu bemerken, daß die die Kosten betreffenden Bestimmungen der Brandenburgischen und der Schlesischen Landgüterordnung mit einander übereinstimmen und gleichlauten, weshalb eine für Brandenburg gegebene Bestimmung auch auf Schlesien übertragen werden konnte. In dem angeführten Rescript ist nur von dem Antrage auf **Eintragung** nicht auch von dem auf Löschung gerichteten die Rede, allein, was von jenem dort gesagt ist, wird auch auf diese anzuwenden sein, da das Gesetz die Kosten für Eintragung und Löschung gleich behandelt und das Rescript doch nur eine authentische Interpretation des Gesetzes hat geben können und wollen. Darnach haben durch den Satz von drei Mark die Kosten für die gerichtliche Aufnahme des Eintragungs- bezw. Löschungs-Antrages mit gedeckt sein sollen, sodaß die Antragstellung zusammen mit der Eintragung beziehungsweise Löschung eines noch so großen und so hoch im Werthe stehenden Gutes nur je drei Mark Kosten verursacht. Hieraus ergiebt sich zugleich, daß der Werth des Grundstückes, da es auf denselben gar nicht ankommt, in dem Antrage auf Eintragung beziehungsweise Löschung nicht angegeben zu werden braucht.

Uebrigens hat sich der Landgüterrollen-Richter mit dem Kostenpunkt in seinen Verfügungen nicht, wie es ihn Ebert (das amtsgerichtliche Decernat S. 401) in seinen Musterverfügungen thun läßt, zu befassen. Nach § 11 Nr. 1 der Instruktion für die Verwaltung der Kassen bei den Justizbehörden vom 15. Juli 1893 werden die Kosten von dem Gerichtsschreiber des zuständigen Gerichts berechnet und festgestellt. Der Amtsrichter concurrirt bei diesem Geschäft überhaupt nicht. Nach § 1 der Allgemeinen Verfügung vom 28. Februar 1885 (JMBl. S. 90) unterliegt das Kostenliquidationsgeschäft der Aufsicht der Vorstände der Justizbehörden, welche für befugt erklärt sind, im Verwaltungswege die Richtigstellung der Kostenrechnungen durch den Gerichtsschreiber anzuordnen; dies ist also bei den Amtsgerichten Sache des Aufsichtsrichters, nicht des Sachrichters. Zu einer Entscheidung über den Kostenpunkt ist der Richter nach Maßgabe der §§ 4 und 6 des Gerichtskostengesetzes vom 18. Juni 1878 bezw. § 4 des Ausführungsgesetzes zu demselben vom 10. März 1879 nur dann berufen, wenn Erinnerungen des Zahlungspflichtigen oder der Staatskasse gegen den Ansatz von Gebühren oder Auslagen vorliegen oder wenn es sich darum handelt, für einen abweisenden Bescheid zugleich Gebührenfreiheit zu gewähren.

Anhang.

1. Landgüterordnung für die Provinz Schlesien vom 24. April 1884 (G. S. S. 121).

Wir Wilhelm, von Gottes Gnaden König von Preußen 2c. verordnen mit Zustimmung beider Häuser des Landtages Unserer Monarchie für die Provinz Schlesien, was folgt:

§ 1.

Landgut im Sinne dieses Gesetzes ist eine in der Landgüterrolle des zuständigen Amtsgerichts eingetragene Besitzung.

In die Rolle kann jede in der Provinz Schlesien belegene mit einem Wohnhause versehene Besitzung eingetragen werden, welche zum Betriebe der Land- oder Forstwirthschaft bestimmt und mit einem Reinertrage von mindestens sechzig Mark zur Grundsteuer veranlagt ist.

§ 2.

Zur Eintragung des Landgutes in die Landgüterrolle ist das Amtsgericht zuständig, in dessen Bezirk die Grundstücke belegen sind, welche das Landgut bilden.

Liegen die Grundstücke in den Bezirken verschiedener Amtsgerichte, so hat das Oberlandesgericht zu bestimmen, bei welchem Amtsgerichte das Landgut in die Rolle einzutragen ist.

§ 3.

In der Rolle erhält jedes Landgut ein eigenes Blatt.

Das Landgut besteht aus denjenigen Grundstücken, welche auf dem Rollenblatte eingetragen sind. Dieselben müssen nach Blatt, Artikel und Nummer des Grundbuches und nach dem Grundsteuerkataster bezeichnet werden.

Auf dem Blatte oder Artikel des Grundbuches ist die Nummer des Rollenblattes kostenfrei zu vermerken.

§ 4.

Ein Landgut soll in der Rolle nur dann eingetragen werden, wenn die Voraussetzungen des § 1 Abs. 2 zur Zeit der Eintragung vorhanden sind.

Die Eintragung kann nicht aus dem Grunde angefochten werden, weil diese Voraussetzungen zur Zeit der Eintragung nicht vorhanden gewesen seien.

§ 5.

Die Eintragung sowie die Löschung in der Rolle erfolgt auf Antrag des Eigenthümers, beziehungsweise der Eigenthümer, welche über das Landgut letztwillig verfügen können.

§ 6.

Die Anträge auf Eintragung, beziehungsweise auf Löschung in der Rolle werden bei dem Amtsgerichte unter Anwendung der §§ 32 bis 34 der Grundbuchordnung vom 5. Mai 1872 (Gesetz-Sammlung S. 446) mündlich angebracht oder schriftlich eingereicht.

Das Amtsgericht hat dem Antragsteller mitzutheilen, daß die Eintragung beziehungsweise die Löschung erfolgt ist.

§ 7.

Die Eintragung verliert ihre Wirksamkeit durch die Löschung.

Die Eintragung ist auch für jeden nachfolgenden Eigenthümer wirksam, sofern derselbe Eigenthümer des ganzen Landgutes oder eines den Voraussetzungen des § 1 Abs. 2 entsprechenden Theiles desselben ist.

§ 8.

Bei Grundstückserwerbungen zu einem in der Rolle eingetragenen Landgute ist gleichzeitig mit der Zuschreibung in dem Grundbuche die Zuschreibung auch in der Rolle zu bewirken, wenn der Erwerber seine entgegengesetzte Absicht nicht ausdrücklich erklärt.

Bei Veräußerungen eines Theiles von einem in der Rolle eingetragenen Landgute ist gleichzeitig mit der Abschreibung im Grundbuche auch die Löschung des veräußerten Theiles in der Rolle zu bewirken, wenn bei demselben die Voraussetzungen des § 1 Abs. 2 nicht zutreffen.

Treffen diese Voraussetzungen zu, so erhält der veräußerte Theil in der Rolle ein eigenes Blatt, wovon der Erwerber zu benachrichtigen ist.

In den Fällen dieses Paragraphen erfolgen die Zuschreibungen und Löschungen in der Rolle, sowie die Anlegung des neuen Blattes von Amtswegen und kostenfrei.

§ 9.

Die Einsicht der Rolle ist Jedem gestattet, welcher nach dem Ermessen des Amtsgerichts ein rechtliches Interesse dabei hat.

Die Einsicht der Rolle erfolgt kostenfrei.

§ 10.

Wird der Eigenthümer eines Landgutes von mehreren Personen beerbt, so ist in Ermangelung einer entgegenstehenden letzwilligen Verfügung einer der Erben, der Anerbe, berechtigt bei der Erbtheilung das Landgut nebst Zubehör für den nach § 14 festzustellenden Preis zu übernehmen.

Diese Berechtigung steht nur den Nachkommen des Erblassers, den Geschwistern des Erblassers und deren Nachkommen zu.

Die nach §§ 570 ff. Titel 1 Theil II des Allgemeinen Landrechts dem überlebenden Ehegatten zustehenden Befugnisse bleiben unberührt.

§ 11.

Die Berechtigung der Nachkommen des Erblassers zur Uebernahme des Landgutes wird nach folgenden Grundsätzen geregelt.

Leibliche Kinder gehen Adoptivkindern, eheliche den unehelichen vor. Unehelichen Kindern des Vaters steht die Berechtigung nicht zu. Durch nachfolgende Ehe legitimirte Kinder stehen den ehelichen gleich.

Ferner geht vor der ältere Sohn und dessen Nachkommen männlichen Geschlechts, in Ermangelung von Söhnen und männlichen Nachkommen derselben die ältere Tochter des älteren Sohnes und deren Nachkommen, falls aber Nachkommen von Söhnen nicht vorhanden sind, die ältere Tochter des Erblassers und deren Nachkommen.

Kinder welche zur Zeit der Erbtheilung wegen Geisteskrankheit entmündigt sind, sowie Kinder, welche eine Verurtheilung zu Zuchthausstrafe und zugleich zum Verlust der bürgerlichen Ehrenrechte erlitten haben, stehen den übrigen Miterben nach.

Unter den Nachkommen eines Kindes richtet sich die Berechtigung der Uebernahme des Landgutes nach denselben Grundsätzen.

§ 12.

Sind mehrere Landgüter nnd mehrere Nachkommen vorhanden, so finden die §§ 10 und 11 mit der Maßgabe Anwendung, daß jeder Berechtigte in der Reihenfolge seiner Berufung nach seiner Wahl Ein Landgut übernehmen kann. Sind mehr Landgüter, als Berechtigte vorhanden, so wird die Wahl in derselben Reihenfolge wiederholt.

§ 13.

Wird der Eigenthümer eines Landgutes von Geschwistern oder deren Nachkommen beerbt, so finden die §§ 11 und 12 entsprechende Anwendung.

§ 14.

In Ermangelung einer anderweiten Vereinbarung bildet der vierzigfache Betrag des Grundsteuerreinertrages der Liegenschaft den Uebernahmepreis.

Auf Antrag des Anerben oder eines Miterben ist jedoch der Uebernahmepreis durch Abschätzung des Gutswerths festzustellen.

Diese erfolgt nach den zur Zeit der Aufnahme der Taxe für Auseinandersetzungen geltenden Abschätzungsgrundsätzen der Schlesischen Landschaft durch deren Behörden.

§ 15.

Der Eigenthümer des Landgutes, welcher über dasselbe letztwillig verfügen kann, ist befugt, in einem Testament oder in einer gerichtlich oder notariell beglaubigten Urkunde oder in einer eigenhändig geschriebenen und unter Beifügung des Jahres und Tages unterschriebenen stempelfreien Urkunde die Anwendung der §§ 10 bis 14 auszuschließen oder unter den Miterben diejenige Person zu bestimmen, welche zur Uebernahme des Landgutes oder der mehreren Landgüter berechtigt sein soll, sowie die in dem § 17 erwähnten Verfügungen zu treffen.

In gleicher Weise kann vorbehaltlich des Pflichttheilsrechtes der Nachkommen und des überlebenden Ehegatten bestimmt werden, zu welchem Betrage der Gutswerth in der Erbtheilung angerechnet werden, daß und in welcher Höhe der Gutsübernehmer bei der Theilung ein Voraus erhalten oder in einer sonstigen Weise bevorzugt sein soll.

§ 16.

Bei Ermittelung des Pflichttheils der Miterben, welche das Landgut nicht übernehmen, ist für den Werth des letzteren der nach den Grundsätzen des § 14 zu berechnende Uebernahmepreis maßgebend.

§ 17.

Wegen Verletzung des Pflichttheils können nicht angefochten werden:

1. Verfügungen des Erblassers, durch welche dem leiblichen Vater des Anerben lebenslänglich, der leiblichen Mutter bis zur Großjährigkeit des Anerben das Recht beigelegt wird, das Landgut nebst Zubehör nach dem Tode des Erblassers in eigene Nutzung und Verwaltung zu nehmen unter der Verpflichtung, den Anerben und dessen Miterben, letztere bis zur Auszahlung ihres Erbtheils angemessen zu erziehen und für den Nothfall auf dem Landgute zu unterhalten;
2. Verfügungen des Erblassers, durch welche die Fälligkeit der Erbtheile der Miterben bis zu deren Großjährigkeit unter der Verpflichtung des Anerben, die Miterben bis zu diesem Zeitpunkt angemessen zu erziehen und für den Nothfall auf dem Landgute zu unterhalten, hinausgesetzt wird.

§ 18.

Die in den §§ 10 bis 17 enthaltenen Bestimmungen finden nicht Anwendung:

1. auf Landgüter, deren Gebäude zur Zeit des Todes des Erblassers mit einem den Grundsteuerreinertrag der Liegenschaft übersteigenden Nutzungswerthe zur Gebäudesteuer angesetzt sind;
2. wenn der Erblasser bei seinem Tode nicht allein Eigenthümer des Landgutes war;
3. wenn das Landgut beim Tode des Erblassers in Folge von Veränderungen, welche nach der Eintragung des Landgutes in die Rolle stattgefunden haben, nach § 1 Abs. 2 nicht eintragungsfähig gewesen wäre; jedoch kommt der Mangel eines Wohnhauses zur Zeit des Todes des Erblassers nicht in Betracht, wenn dieser Zustand alsdann noch nicht zwei Jahre gewährt hat.

§ 19.

Für jede Eintragung und für jede Löschung in die Rolle einschließlich der darüber dem Eigenthümer zu machenden Mittheilung, wird außer in den Fällen des § 8 eine Gerichts-Gebühr von drei Mark erhoben.

Die Anträge zur Rolle sind einer Stempelabgabe nicht unterworfen.

Erbtheilungen, welche auf Grund dieses Gesetzes erfolgen, sind frei von Kaufstempel.

§ 20.

Dieses Gesetz tritt mit dem 1. Juli 1884 in Kraft.

Gegeben, Berlin den 24. April 1884.

2. Gesetz betreffend Eintragungen in die Höferolle und Landgüterrolle auf Ersuchen der Generalkommission vom 11. Juli 1891

(G. S. S. 303).

Wir Wilhelm von Gottes Gnaden König von Preußen ꝛc. verordnen unter Zustimmung der beiden Häuser des Landtages unserer Monarchie zur Ergänzung der Gesetze betreffend das Höferecht in der Provinz Hannover vom 2. Juni 1874 (G. S. S. 186) und betreffend das Höferecht im Kreise Herzogthum Lauenburg vom 21. Februar 1881 (G. S. S. 19) sowie der Landgüterordnungen für die Provinz Westfalen und die Kreise Rees, Essen (Land), Essen (Stadt), Duisburg und Mühlheim an der Ruhr vom 30. April 1882 (G. S. S. 255), für die Provinz Brandenburg vom 10. Juli 1883 (G. S. S. 111), für die Provinz Schlesien vom 24. April 1884 (G. S. S. 121), für die Provinz Schleswig-Holstein mit Ausnahme des Kreises Herzogthum Lauenburg vom 2. April 1886 (G. S. S. 117) und für den Regierungsbezirk Kassel, mit Ausnahme des Kreises Rinteln, vom 1. Juli 1887 (G. S. S. 315) was folgt:

§ 1.

Der Antrag auf Eintragung in die Höferolle oder Landgüterrolle kann bezüglich der einem Auseinandersetzungsverfahren unterliegenden Grundstücke auch bei der Generalkommission oder deren Kommissar gestellt werden.

Der Antrag kann sich auch auf andere Grundstücke des Antragstellers erstrecken, welche mit seinen dem Auseinandersetzungsverfahren unterliegenden Grundstücken gemeinschaftlich bewirthschaftet werden.

§ 2.

Hält die Generalkommission den Antrag für begründet, so ersucht sie das Amtsgericht um Eintragung in die Rolle.

Auf das Ersuchen der Generalkommission findet der § 41 der Grundbuchordnung vom 5. Mai 1872 (G. S. S. 446) entsprechende Anwendung.

§ 3.

Dieses Gesetz kommt auch dann zur Anwendung, wenn der Antrag auf Eintragung bei der Generalkommission oder deren Kommissar schon vor den Inkrafttreten des Gesetzes gestellt war.

Urkundl. ꝛc.

Gegeben Buckingham Palace London, den 11. Juli 1891.

Allgemeine Verfügung vom 15. Mai 1884, betreffend die Führung der Landgüterrollen im Bezirk des Oberlandesgerichts zu Breslau.

(Justizministerialblatt S. 98.)

Ueber die nach Maßgabe der Landgüterordnung für die Provinz Schlesien vom 24. April 1884 (Gesetz-Sammlung S. 121) den Amtsgerichten obliegende Führung der Landgüterrollen wird Folgendes bestimmt:

§ 1.

Die Landgüterrolle wird gemeindeweise (der Eintheilung des Grundbuchs entsprechend) angelegt. Die Anlegung findet statt, sobald die Eintragung eines zu dem Bezirke gehörenden Landgutes beantragt wird.

§ 2.

Bei den mit mehreren Amtsrichtern besetzten Amtsgerichten ist die Führung der Landgüterrolle demjenigen Amtsrichter zu übertragen, welchem die Geschäfte des Grundbuchrichters für den betreffenden Bezirk obliegen.

§ 3.

Jedes Landgut erhält in der Rolle ein eigenes Blatt. — Die Blätter werden nach dem anliegenden Formular eingerichtet und mit einer fortlaufenden Nummer versehen. Die einzelnen zu dem Landgute gehörigen Grundstücke werden nach den Angaben im Grundbuche bezeichnet. Der Vorlegung eines besonderen Auszuges aus dem Steuerbuche bedarf es nicht.

Ist das Grundbuch für ein Grundstück noch nicht angelegt, so erfolgt die Bezeichnung nach dem Grundsteuerkataster.

§ 4.

Die Rollen mehrerer Bezirke können zu einem Bande vereinigt werden.

Jeder Band ist mit fortlaufender Seitenzahl und mit einem Titelblatt zu versehen.

Auf dem letzteren sind die in dem Bande enthaltenen Bezirksrollen, sowie die Zahl der Seiten zu vermerken. Der Vermerk ist von dem Amtsrichter zu unterschreiben.

Außerdem ist für jeden Band ein nach den Bezirken geordnetes Verzeichniß anzulegen, in welchem die Landgüter mit Angabe der Seite der Rolle aufgeführt werden.

Für den Anfang und solange sich eine Uebersicht über das ungefähre Bedürfniß noch nicht gewinnen läßt, können die Rollen in Mappen aufbewahrt werden. Später sind sie in der durch die Nummer gegebene Reihenfolge zusammenzubinden.

§ 5.

Die Nummer des Rollenblattes ist auf der Titelseite des Blattes oder Artikels des Grundbuches über die betreffenden Grundstücke zu vermerken (§ 3 Abs. 3 der Landgüterordnung).

§ 6.

Die Verfügungen auf die Anträge zur Landgüterrolle sind entsprechend den Verfügungen in Grundbuchsachen von dem Amtsrichter zu erlassen und von dem Gerichtsschreiber, welcher als Grundbuchführer fungirt, auszuführen.

Die Einschreibungen in der Rolle sind von dem Amtsrichter und dem Gerichtsschreiber zu unterzeichnen.

§ 7.

Ueber die Verhandlungen zur Landgüterrolle (Anträge ꝛc.) sind für jedes Landgut besondere Landgüterakten anzulegen. Dieselben bilden Beistücke der betreffenden Grundakten und sind auf denselben als solche zu bezeichnen.

Berlin, den 15. Mai 1884.

Seite ....

Landgüterrolle. Blatt-Nr. ....

Landgut ....

Kreis ....

Seite..................

Landgüterrolle

Landgut Schleebach..................................

Laufende Nr.	Grundbuch. Gemarkung 2c.	Band.	Blatt.	Artikel.	Bezeichnung der einzelnen Grundstücke.	Reinertrag. Mark	Pf.
1.	Schleebach	3	1	—	Sämmtliche Bestandtheile nach dem Titelblatt des Grundbuches (ohne nähere Specialisirung).	400	—
2.	Im Grundbuche noch nicht eingetragen.				Der Garten am Mühlgraben, Gemarkung Schleebach u. s. w. (Bezeichnung nach dem Kataster).	30	50
3.	Loeper	4	—	2	Die sämmtlichen in Abtheilung I des Grundbuches eingetragenen Grundstücke (ohne nähere Specialisirung).	39	6
4.	Schleebach	3	1	—	Der zu Schleebach Bd. 3 Bl. 1 des Grundbuches zufolge Verfügung vom ..... zugeschriebene Steinacker.	40	—

Blatt-Nr. 1.

Seite..................

Kreis ....

Eintragungen	Löschungen
auf Antrag oder von Amtswegen.	
Nr. 1 bis 3 eingetragen auf Antrag des .... am .... (Unterschriften).	Zu Nr. 1. Von dem Grundstück Schleebach Bd. 3 Bl. 1 des Grundbuchs ist ein Theilstück abgeschrieben und für dasselbe ein neues Grundbuchblatt Schleebach Bd. 3 Bl. 19 angelegt. Dieses Theilgrundstück mit einem Reinertrage von 150 Mark ist hier gelöscht auf Antrag des .... am .... (Unterschriften.)
	Nr. 3 von Amtswegen gelöscht in Folge Veräußerung, gemäß § 2 Abs. 2 der Landgüterordnung am .... (Unterschriften.)
Zu Nr. 4 zugeschrieben von Amtswegen am .... (Unterschriften).	

4. Die durch Verfügung des Oberlandesgerichtspräsidenten zu Breslau vom 22. Dezember 1887 — Ia 9398a den Amtsgerichten des Bezirks zur Nachachtung mitgetheilten, von dem Justizminister an die Präsidenten des Oberlandesgerichts zu Cassel bezw. des Kammergerichts erlassenen und nach Breslau zur Beachtung übermittelten Rescripte lauten folgendermaßen:

Berlin, den 7. November 1887.

Um die Eintragung von Landgütern in die Landgüterrollen im Geltungsbereich des Gesetzes vom 1. Juli 1887 (G.-S. S. 315) zu fördern, ist es — wie die Erfahrung in andern Provinzen gezeigt hat — von großer Bedeutung, daß die Amtsrichter bei sich darbietender Gelegenheit die Eigenthümer von eintragungsfähigen Grundbesitzungen auf die Bestimmung der Landgüterordnung aufmerksam machen. Hierzu bietet sich den Amtsrichtern ein geeigneter Anlaß bei dem zur Zeit wegen Regulirung des Grundbuchs stattfindenden Verhandlungen, ferner bei Auflassungen, Gutsansatzverträgen und anderen Handlungen der freiwilligen Gerichtsbarkeit. Die Amtsrichter haben sich jedoch darauf zu beschränken, auf das Gesetz und dessen Bedeutung hinzuweisen, ohne auf die freie Entscheidung der Betheiligten eine bestimmende Einwirkung zu üben.

Den Eigenthümern eintragungsfähiger Grundstücke ist zu gestatten, Anträge auf Eintragung in die Landgüterrolle auch auf den außerhalb des Gerichtssitzes stattfindenden Gerichtstagen zu stellen. Bei Gelegenheit der Bekanntmachung von Gerichtstagen ist dies zur öffentlichen Kenntniß zu bringen. Wenn mehrere Eigenthümer, die zu einer Gemeinde gehören, die Anberaumung eines Localtermines behufs Entgegennahme von Anträgen auf Eintragung von Grundbesitzungen in die Landgüterrolle beantragen, und sich zur Tragung der Terminskosten erbieten, so ist dem Ersuchen um Abhaltung des Localtermins thunlichst stattzugeben.

An den Herrn Präsidenten des Königlichen Oberlandesgerichts in Cassel I. 3348.

---

5. Extr. Abschrift. Berlin, 10. Dezember 1887.

Auf den Bericht vom 25. Juli d. J. erwidere ich Ew. Hochwohlgeboren im Einverständnisse mit dem Herrn Minister für Landwirthschaft, Domänen und Forsten und dem Herrn Finanzminister, daß für die gerichtliche Aufnahme mündlicher Anträge auf Eintragung von Landgütern in die Landgüterrollen nach Maßgabe der Landgüterordnung für die Provinz Brandenburg vom 10. Juli 1883 (G.-S. S. 111) neben der nach § 19 dieses Gesetzes für die Eintragung zu erhebenden Gebühr von 3 Mark besondere Kosten nach § 8 Nr. 3 des Kostentarifs für Grundbuchsachen (Grundbuchordnung vom 5. Mai 1872. G.-S. S. 746) nicht zu erheben sind.

An den Herrn Präsidenten des Königlichen Kammergerichts I 3732.

Druck von Otto Noack & Co. in Roitzsch.

Sachregister.

(Die Zahlen verweisen auf die Seiten.)

R.

S.

T.

U.

V.

W.

Z.